ホースセラピー

癒《い》やしの乗《じょう》馬《ば》

『財界』編集部

財界研究所

はじめに

「とにかく、何かをしようというときに、前向きになっていています」

こう話すのは、ある発達障がいを抱えた女性のお母さんだ。

障がい者向けの乗馬施設に通うようになって約10年。今では、週に3回はこの施設に通うようになっている、というこの女性は、生まれたときから発達障がいがあり、四肢を動かすときに今でも困難を伴っている。これまでいくつかの職場では、障がいがあることもあって、人間関係がなかなかうまくいかず、会社を辞めてしまうこともあったという。

そうした中で、本人がネットでいろいろ調べているうちに、障がい者乗馬のことを知ったのだという。乗馬に通うようになり、今では元気に職場にも通うようになっている。

乗馬を通じて、心身に障がいのある人が癒されたり、生活が前向きになる。あるいは福祉施設などで、乗馬を日々のレクリエーションの一環として導入しているケース。こうした領域を、一般的に日本では「ホースセラピー」と呼んでいる。

近年、このホースセラピーの分野がにわかに注目されるようになってきた。

ホースセラピーでは、馬に乗る人の心身両面から、良い効果があることが、様々な方面から指摘されている。

前出のお母さんが続ける。

「わたしは付いて来るだけなんですけど、彼女は雨が降ると馬に乗れなくなるので、『来週は雨が降らないといいな』と、とても天気を気にしていますね。馬に乗った日は、本当に気分がいいみたいです」

人の心と体は一体。だから心が前向きになることで体の方も元気になるということはよく言われることだが、ホースセラピーにはどうやら、それだけではない不思議な効果がたくさん隠されているようである。

このお母さんは、さらにこんな話をしてくれた。

「本人には、小さい時から自転車に乗せていたのですが、自転車に乗るときは、他から見るとふらふらした様子で、本人はちっとも気にしていないのですが、とても危なっかしいのです。それが、馬に乗るようになってから、だんだん自転車に乗るときもバランスがうまくとれるようになってきたのです」

健常者においても、乗馬することの良さはよく指摘される。スポーツクラブなどでは、乗馬の動きをする機械などもたまに置いてある。しかし、本物の馬の良さにはかなわないだろう。馬には、その形状や動きだけではない、もっと根源的に、馬そのものが持つ「癒やしの力」が隠されているように思われる。

日本には乗馬クラブをうたう組織は比較的多くある。しかし乗馬をするには、施設や馬の維持管理が必要で、そのために非常に高額で高級なスポーツというイメージが定着している。

障がい者向けの乗馬とて、その負担は同じだ。従って、そうした取り組みを行っている施設・団体はどこも台所事情はたいへんだ。

ホースセラピーに対する理解、認識が少しでも広まることは、より多くの対象者によるその利用を活発にし、こうした施設や団体の活動がしやすくなることに繋がっていくだろう。

本書はそうしたことの手助けに少しでもなればとの思いで刊行されるものである。読者の方々がこの領域に理解を示し、何かの行動のきっかけになれば幸いである。

２０１６年４月吉日
『財界』編集部

もくじ

馬以上に、ボランティアの人と接することに効果が…
乗る人の目標に合わせてレッスン・プログラムを組む
馬に乗ることを嫌がる子どもはいない⁉
１９９６年発足のＮＰＯ。発祥・英国の団体の総裁はアン王女
登録会員は５６人、２０１５年は年間延べ９４０回
この領域に魅せられ、獣医をやめてボランティアに
熱心なボランティアによる手作りの良さ

第3章　馬をつくる—ある乗馬施設での取り組み——55

脳腫瘍で右脳４分の１を摘出した少女に笑顔が…
調教師が考えた日本でも「走り」の施設
馬との出会い、家族の反対
「障がい者が安全に乗れる馬をつくってくれないか？」
日本は屋外馬場が中心。どうおとなしい馬をつくるか
ホースセラピーに適した馬とは
欧州からメダリストを招いて開催された障がい者乗馬大会

第5章　馬と医療

質の高い活動を開発・持続していくための運営資金
高齢者が元気に過ごせる
現代人とストレス緩和／人間関係やコミュニケーションを見直す
在来種馬の活用

【滝坂信一氏の記者評伝】

「治療的乗馬の馬は乗っている人のことまで気遣うのです」
稲波脊椎・関節病院理事長　稲波弘彦——

先駆け　カール・クルーヴァー氏のこと
経済的に恵まれない人の乗馬に支援の手を
馬と人との何とも言えない「距離感」
乗馬の効果を示すエビデンスは？
人の先を行く馬の精神由来疾患の研究
馬を見ているだけでも違う
治療の判断に家族の視点
2020年東京オリンピックまでに治療的乗馬の環境整備を

第6章　普及・教育、そして「サステナブルに」

東京農業大学准教授　川嶋舟

第1章

ホースセラピーとは何か?

人間より2度高い馬の体温に癒やされる

「最初は怖がっていた子が、自分から進んで馬に乗るようになるなど、情緒の安定だけでなく、生活全般に対する積極性の面でも効果が見られます」と話すのは、福岡の社会福祉法人、恵光園《けいこうえん》「ヒポクラブ」の関係者。

恵光園は、発達障がいなどの障がいがある子どもなどに、乗馬を通じて社会参画や外で作業することの楽しさを知ってもらい、心身共に元気になってもらう取り組みを長年、行っている。そうした取り組みですでに19年の実績がある福祉施設だ。

このような乗馬や、また馬と接することで、身体障がいや知的障がい、精神的にダメージを受けた人が身体的、精神的に癒やされる、という効果を狙った取り組みを一般的に「ホースセラピー」と呼んでいる。

ホースセラピーという言葉は、実は、言葉としては不正確で、対象とする範囲も曖昧だというので、施設や人によっては障がい者乗馬、治療的乗馬、乗馬療法といった呼び方をする場合もある。

ホースセラピーという言葉はどうやら日本で作られた造語のようであり、英語でそういう使用例がないとは言えないが、使われることは非常に少ない。

この領域は、英語では一般的にEquine-assisted Therapyもしくは、Therapeutic Ridingあるいはまた Hippotherapyなどと言われている。また障がいを持つ人がスポーツとして行う乗馬では、Riding for Disabledという言葉も使われる。

乗馬は、人の循環器や呼吸器等に適度の刺激を与え、しかも人には過度の身体的負担をかけずに運動が行えるために、実は、障がい者にとっては最も適しているスポーツの一つだとされている。

また、馬の体温は人間よりも常に2度近く高いため、馬と触れあった人は、その体温のぬくもりで自然と癒やされるのだと言われる。

一般的に動物を使ったセラピー、いわゆるアニマルセラピーの領域では、犬や猫などを「かわいい」と感じる人の心理的効果を利用しているものがほとんどだ。

だが、ホースセラピーはそれ以上に、人間が馬に乗ることによる、人間と馬の信頼関係、その関係性が人に対して良い効果を上げる、という見方がされている。

「人と馬とが信頼関係を築く過程そのものが、たとえば、発達障がいを持つ子どもにとって、コミュニケーション面などで、いい効果を与えているようです」(恵光園

「ヒポクラブ」の関係者)。

乗馬をしているときに、騎乗者がバランスを取るために行っている全身の筋肉の緊張と運動は、身体的に非常に良い効果を生む、といった研究は、かなり以前から行われている。

そのため、たとえば大手電機メーカーがかつて、乗馬のときの騎乗スタイルを模した健康器具を作って売っていたことがあった。

実はこうした乗馬を模した健康器具は、かなり以前から開発されていて、すでに19世紀に固定した場所で騎乗の状態が再現できる保健体操のための装置があったことが、欧州の古い文献などから確認できている。

ただ、機械による不規則な揺れは、自然の馬が創り出す揺れには絶対に勝ることはないのはいうまでもない。

そしてこの領域の多くの関係者や障がい者乗馬を体験している人たちからは、馬に乗るという行為以上に、馬という生き物そのものが持つ、不思議な癒やしの力を語る人が多いのは、この領域での特筆すべきことだろう。

世界の障がい者乗馬の歴史

障害者による乗馬が最初に世界的に注目されたのは、1952年のヘルシンキ・オリンピックでのこと。

ポリオ（小児麻痺）の後遺症で両足麻痺となっていたデンマークのリズ・ハーテルという人が、乗馬ドレッサージュ競技で銀メダルを獲得するという快挙を成し遂げたことにある。これを機に、ノルウェーや英国などの欧州各国では、身体的障がい等に対する治療目的による乗馬の研究が盛んに行われるようになった。

実は欧州では、古代ギリシャの文献に「戦争で傷ついた兵士を馬に乗せることで治療した」と記された箇所が発見されている。

一説には、医療の父と言われる古代ギリシャのヒポクラテスは、乗馬が身体にとって何らかの良い効果をもたらすことを発見していたとされている。

第一次世界大戦の頃になると、ある英国人がこの古代ギリシャの例にならって、自分の馬を病院に持ち込んで負傷兵を乗せて治療する試みも行われた。

1948年には英国の整形外科病院が「障がい者乗馬」の施設として初めて国の公

式指定を受けている。

医学的領域で乗馬療法が初めて認められるようになったのは1960年代のドイツでのこと。ドイツの医師と理学療法士のグループが、姿勢の矯正や腰痛等の軽度の障がいの治療をはじめとして様々な障がいの治療に乗馬を用いるようになった。

これによってドイツでは、様々な障がいに対しての乗馬による治療効果の数値的なエヴィデンスも積み上がっていくことになる。

この結果、1980年代にはドイツでは乗馬療法の公認資格を持つインストラクターが行った治療、すなわち障がい者への乗馬指導に対して、初めて健康保険が適用されるまでになる。ホースセラピーに対する効果が医療行為としても公に認定されたことを示すものだ。

ドイツでのホースセラピーは医療行為の分野に入るので、一般的にヒポセラピーという呼び方がされている。ヒポセラピーは、障がい者のバランス感覚、平衡感覚の改善や関接機能の回復、筋力の訓練などを目的とするものである。

日本の障がい者乗馬の歴史

日本に「障がい者乗馬」が初めて導入されたのは1980年代の半ばだとされている。

93年には神戸市舞子ビラおよび明石乗馬協会の主催により「全国障害者交流乗馬大会」が初めて開催された。

同じ93年には、大阪・枚方市にある社会福祉法人「わらしべ園」で障がい者乗馬療育が開始された。

このわらしべ園は障がい者の自立に尽力した医師の故・村井正直氏が作った障がい者のための福祉施設だ。2010年に亡くなった村井氏の追悼記事には以下のような記述がある。

…作家の故司馬遼太郎氏もその一人で「村井先生は無私の人。わらしべ長者のように大きく育ってほしい」と呼びかけた。81年、社会福祉法人となり、事業が馬の産地・北海道に広がった。この縁もあって英国から乗馬療育を導入。これによりわらしべは障がい者に社会復帰の大きな夢を与える場に育った。…（2010年11月14

日・毎日新聞）

わらしべ園ではその後、９４年にイギリスの慈善団体ＲＤＡのキアラ女史が「大滝わらしべ園」で障害者乗馬に関する指導を行う・９８年４月には北海道浦河町に障がい者乗馬のインストラクター養成学校を開設・９９年英国のアン王女が枚方のわらしべ園にご来園――といったトピックが続く。

９８年はこの領域での画期となる年だったようで、日本障害者乗馬協会、日本乗馬療法協会などの団体が次々設立された。

そして２００６年にはこの領域の日本での一層の普及を目指して、ＮＰＯ法人日本治療的乗馬協会という団体が設立されている。

ただこれらの活動の嚆矢となったのは、１９６０年代末に公益財団法人ハーモニィセンターが都立町田養護学校（当時）の子どもたちを対象に行った活動にあったとされている。

実は、馬を治療的に使うことは、ここ日本でもかなり古くから行われていたという指摘もある。およそ１４００年前、聖徳太子は朝鮮半島から来日した僧より、「療馬の法」を学ぶよう側近に命じたと伝えられている。７０１年には「馬」という官位を設けることが「大宝律令」に定められているとされる。

また明治期から昭和にかけての帝国陸軍では疾病兵に乗馬療法を勧めていた、という指摘もある。だが、こうした取り組みは1945年の敗戦を機に消滅してしまったのだとされる。軍馬の生産を優先した結果、これらの記録はGHQの命令によって焼却されてしまったからだ。いずれにしても、現在、これらの資料が残っていないのだから、こうした事実があったかどうかの真偽は今となっては確かめようがない。

英国のボランティア団体

ヒポクラブという乗馬施設を備えた前出の恵光園という福岡の福祉施設は、やはり前出の英国の慈善団体であるRDAの認定を受けた団体の一つである。

恵光園は、全国の中でも比較的規模が大きく、長期に渡って活動を続けてきている団体だ。

そのお墨付きを与えたRDAの活動は国際的で、発祥の英国国内に留まっていない。現在、オーストラリア、ニュージーランド、シンガポール、マレーシア、フィリピン、香港、そして日本へと活動領域を拡げている。

日本にはRDAの活動を統括するNPO、RDAジャパンが98年に設立されており、この団体は2000年に特定非営利活動法人として東京都から認証を受け、04年に認定NPOとして国税庁長官の認証を受けている。

RDAジャパンは医療、教育、馬事の専門家をアドヴァイザーとして確保していて、障がい者乗馬の活動のための乗り手、指導者、ボランティアのための講習会開催時の人材手配、アドヴァイスをしている。

全国各地で実際に障がい者乗馬の活動を行っている団体は、恵光園のような個々の団体だ。これらの各団体を、RDAジャパンでは「ユニット」という単位で呼称している。

ユニットにはベースユニット、ユニット、準ユニットの3種類がある。

各ユニットの代表は、年に一度のユニット会議に参加し、地域ごとの報告や問題点などを話し合い、障がい者乗馬活動の発展、普及に努めている。

ベースユニットとは活動拠点（馬場）と自馬をもちRDAジャパンが認定するインストラクターが所属している団体。ユニットとはRDAジャパンが認定するインストラクターが所属し、活動している団体。準ユニットとはRDAジャパンが認定するインストラクター指導の下、ユニット内のアシストインストラクターが活動を行っている団体。ユニット、準ユニットについては、活動拠点（馬場）、馬を借用し活動している団体もある。

現在、日本全国にあるRDAが認定する団体は以下の通りだ。

（北海道・東北）

ちっちゃいもの倶楽部（準ユニット）秋田県大仙市、パカポコクラブ（準ユニット）岩手県一関市、RDAちくだい（準ユニット）北海道帯広市、NPO乗馬とアニマルセラピーを考える会（準ユニット）岩手県滝沢市
（関東・甲信越）

つばさ乗馬苑（ユニット）埼玉県日高市、特定非営利活動法人青い風牧場RDAたま（ベースユニット）神奈川県横浜市、特定非営利活動法人RDA横浜（ユニット）神奈川県横浜市、ホースランド安曇野（準ユニット）長野県安曇野市
（中部・近畿）

RDAマウント富士（準ユニット）静岡県御殿場市、伊良湖ホースライディングクラ

ブ（ベースユニット）愛知県田原市、ホース・フレンズ（準ユニット）大阪府大阪市
（中国・四国）
馬んまる（ユニット）岡山県岡山市、岡山乗馬倶楽部（準ユニット）岡山県加賀郡、瀬野川乗馬クラブ（ベースユニット）広島県広島市、まきば（準ユニット）広島県福山市、山口県障害者乗馬の会（パカポコ山口）（準ユニット）山口県宇部市
（九州・沖縄）
社会福祉法人恵光園ヒポクラブ（ベースユニット）福岡県豊前市、チャレンジドホースサークル（ユニット）福岡県糸島市

公設民営で全国に25カ所、ホースセラピー施設を作ろう！

ここ日本では、この領域での保険適用がされていないこともあって、医療関係者の間での認知度もそれほどあるとは言えない。

社会福祉法人など障がい者向けにホースセラピーを行う施設は国内にもいくつか存

在しているが、そもそも一般への認知度はほとんどない。

日本治療的乗馬協会の設立当初から監事としてこの分野に関わっているという税理士の長隆氏は、ホースセラピーを行うための治療的乗馬施設をどう日本で増やしていくかに関して、「公設民営の施設ならば、これから日本で25カ所ぐらいの施設を作れるのではないか」と希望的観測も含めて大胆な見方を示す。

日本に25の新しい施設を一気に作ってしまおうという強気の見方だが、それには理由がある。政府が現在、進めている「日本版CCRC」と、このホースセラピーの施設が非常にマッチするだろうと見ているからだ。

超高齢社会が進展する日本の地方でこそ、治療的乗馬施設は相応しいというのだ。日本版CCRCとは、米国で普及している健常時から高齢の要介護まで移転することなく継続して暮らせる複合コミュニティー（CCRC）を参考に、東京から地方への高齢者の移住を促進して、地方創生に繋げようという発想で政府が推進している政策の一つ。

昨年、内閣官房まち・ひと・しごと創生本部が行った調査では、調査対象の全国1788の地方自治体のうち202自治体が日本版CCRCを推進する意向があることがわかり、このうち33自治体が既に取り組みを開始、29自治体が2015年度中に開始予定、7自治体が16年度以降に開始予定であることがわかった。

つまり約70の自治体が日本版CCRCに取り組むことがわかったわけだが、このうち25団体ぐらいにこの「ホースセラピー」の施設の普及が目指せる、というのは長氏の見方である。

日本版CCRCの構想を進めている有識者会議では、日本版CCRCの基本コンセプトについて「健康な段階から入居し、できる限り健康長寿を目指すこと」と規定している。そのためには、高齢者は単にサービスの受け手としてだけではなく、地域の仕事や社会活動などに積極的に参加することで、地元住民や若者、子どもの世代との交流を行う主体的存在になると位置づけている。

一方、日本治療的乗馬協会では治療的乗馬について①治療や訓練（医学的領域）＝身体に不自由がある人のリハビリテーションの一つとして行われる②教育（心理・教育的領域）＝本人の意欲を尊重しながら行われる乗馬や馬の世話、厩舎作業などの活動を通じて、障がいのある子どもたちの教育として行うもの③スポーツやレクリエーション＝障がい者が乗馬というスポーツを楽しみ、生活の質的向上を主眼に置いた取り組み——の３つに分類。ホースセラピーを単に医療・作業療法・理学療法的な目的だけではなく、その心理的効果や教育的効果、癒やしの側面などに着目している。さらにその対象者は、障がい児や青少年だけでなく、高齢者も想定しているのだ。

つまり、ホースセラピーの施設は日本版ＣＣＲＣとの相乗効果が非常に期待できる施設だとの期待がかかるのである。

いずれにしても、超高齢社会がますます進展するこれから、地域に元気な高齢者が活躍するのが地方創生のあるべき姿。ホースセラピーの日本での定着は、高齢者が活躍する地方創生が実現できるかどうかの試金石ともなりそうだ。

「障がいを持っている方、精神的にダメージを受けた人の生活復帰に役立つ事業を」

東日本税理士法人代表　長　隆

団体設立１０年間。いよいよ普及を図りたい

——ホースセラピーに関わることになったきっかけは？

長隆氏

長　今から10年ぐらい前に、ドイツが発祥であるホースセラピーを日本でも普及させるための団体を立ち上げようという話があり、NPO法人の「日本治療的乗馬協会」というのが設立されました。そのときからわたしはこの団体の監事を務めています。きっかけは、川嶋紀子様（秋篠宮文仁親王の妃）の弟さんが力を入れているというので信用したことがあります。その方は獣医で川嶋舟さんという方で、この団体の理事も4、5年やられました。
わたしに監事をやって欲しいと話を持ちかけられた方は、稲波弘彦さんという、東大馬術部出身で、いま大きな病院を経営している整形外科の先生です。
稲波さんはこの団体の副理事長を現在も務められていますが、この方は、ホテルニューオータニの中で高度先進医療のクリニックを開業されるなどで有名な岩井宏方先生（故人）の娘婿に当たります。

――岩井先生は日本医師会元会長の武見太郎氏（故人）と師弟関係だった方ですね。

長　ニューオータニにゴールデンスパというジムがありますが、そこの社長も務められていました。ご存命の頃、わたしはこのゴールデンスパの顧問をやらせていただいていたのです。

そういう経緯があって、治療的乗馬協会の監事として、何とかホースセラピーを事業として日本で根付かせたいという思いがあったのですが、なかなかドイツのようになっていません。

団体は、この10年間は調査研究や広報活動をたくさん行い、それなりに各地で細々と普及活動を行ってきましたが、ここに来て日本馬術連盟副会長の嘉納寛治さん、この方は講道館柔道の創始者である嘉納治五郎氏の末裔に当たりますが、そういう方も理事になっていただくなど、メンバーはたいへんな方々が揃いました。ですが何ぶん、事業収入は少なく、勉強ばかりしている団体なのです。

――事業として根付かせたいということですね。

長　はい。わたしは治療的乗馬施設は、今の日本の政策に合致するものだと思っています。地方の定住化政策ですね。それは単に障がい者の生活復帰に役立つだけではなく、地方でいろいろな事業を創出して雇用を生み出すことができるのです。

いま公設民営化の病院としては恐らく日本で一番、資金を持っている日本海総合病院（山形県）の栗谷義樹理事長にこの話をしたら、非常に興味を持たれました。

——具体的に成功している施設はあるのですか？

長　このあいだ、福岡の恵光園というところへ視察に行ってきましたが、ここは立派です。これは一つのモデルになる素晴らしい施設だと思います。

ここはキリスト教系の社会福祉法人ですが、ゴルフ場一つぐらい、約30万坪の広さがあり、乗馬施設を持っています。施設が立派だということもありますが、何が素晴らしいかというと、乗馬だけではなく、養豚や野菜の栽培なども行っていることです。それに障がいをお持ちの方が携わっている。要はいろいろなプログラムを揃えているということです。

廃校になる学校を利用するアイデアも

——まずいかにいい施設を作るか、ということですね。

長　そうです。それにわたしも挑戦したいと思っているのですが、事業面で収支が合うようにするためにはいろいろ工夫が必要です。恵光園では、16年度から「放課後デイサービス」の制度を使う計画も立てられていました。

放課後デイサービスは、障がいを持つ子どもがいる夫婦が働けるよう、施設に子どもを預けると国から施設に1回1万円が支給される制度です。

ただこういう制度は問題もあって、この制度は株式会社で申請できるので、制度を食い物にする質の悪い業者が雨後の筍のように出てきていることです。いずれにしても乗馬施設を放課後デイサービスとセットにすれば、乗馬施設の利用者は選択肢が広がります。

——問題はホースセラピーの事業として始めるには、最初に施設にお金がかかることですね。

長　はい。それでわたしは、たとえば、間もなく法案が通る「企業版ふるさと納税」を使って企業に1千万円寄付してもらえば、600万円は国からお金が戻ってきますから、この制度を使って企業から寄付を募ろうとも考えました。ところが、ある地方自治体の企画振興課長から、お金を掛けなくても施設なら何とかなると言われました。それは廃校になる学校を使えばいい、というのです。

――地方は人口がどんどん減少して、小中学校が統廃合されているからですね。

長　そうです。それが使えると。乗馬施設で一番、お金が掛かるところが馬場だそうです。屋内馬場や厩舎、センターやレストランなどその他の施設合計で1億円ぐらいかかります。

でも学校ならまず体育館があるし校庭もあるから馬場が作れる。ただ馬は足が命なので馬場に砂を入れて柔らかくしてあげなくてはいけない。これには結構、お金がかかるのですが。

あと、課題は指導員ですが、北海道の浦河にある施設が任意の資格制度で指導員を養成しています。農業高校の卒業生を多く採用し、セラピストの資格をとっていただいています。このように、全国でホースセラピーの普及に向けた取り組みが本格化しています。

第2章

実際の現場とボランティア

馬に乗った瞬間から子どもの背筋がピンと伸びた

「どちらかというと、うちの子は動物とかが嫌いな子だったんです。触ったりすることもできなかったのですが、馬には最初から全然怖がらずに乗って、乗った瞬間から背筋がピンと伸びていたのには驚きましたね」

こう話すのは、障がいのある子どもの乗馬に付き添いで来た、あるお母さんだ。

3月のとある金曜日、横浜市の「三ツ沢公園馬術練習場」で行われた、障がい者のための定期乗馬会でのひとこまである。

このお母さんの娘がこの乗馬会に参加するようになって2年が経つ。

この乗馬会は、NPO法人「RDA横浜」という団体が毎週火、水、金と、それに都合のいい土曜日に行っているもの。この団体では定期レッスンとも言っている。多くのボランティアやスタッフに支えられ、長年にわたりこの場所でずっとこの乗馬会が続けられている。

RDA横浜の平日の乗馬会は午前と午後で2回ある。乗馬する時間は馬に乗る人それぞれの状態に合わせているので、決まった乗馬時間というのはないが「この乗馬会

三ツ沢公園馬術練習場

では最大、1時間に2頭の馬を使って6人には対応できるようにしています」と話すのは、RDA横浜の理事・コーディネーター、野口陽さん。
この日の乗馬会では、野口さんが参加したスタッフ全体の指揮を執っていた。障がいのある人を対象にした乗馬の現場では、一般的に「インストラクター」と呼ばれている役割に当たる。
障がいのある人のための乗馬会では、落馬などの事故が決して起きないように最大限、注意を払う必要がある。
健常者が乗っていても落馬したら大怪我をする恐れがあるのだから、よもや体の不自由な人が落馬したらたいへんなことにな

この子はすでに引き馬なしで乗場できるまでに上達している

る。
障がいのある人が乗馬するときには、馬と騎乗者の両方に気を遣わなくてはいけない。この役目をするのが現場で「リーダー」と呼ばれる役割の人と、「サイドヘルパー」もしくは「サイドウォーカー」と呼ばれる役割の人だ。
リーダーは騎乗者が乗った馬を引き馬するときにロープを持って馬の前を歩いている人だが、その役目は常に馬の状態や進行方向に注意を払い、安全性を保つことにある。引き馬をしているときも、リーダーはできるだけ馬を誘導させずに、騎乗者自身で馬をコントロールさせることが肝腎とされている。もちろん、危険を感じたときは馬のスピードや進行方向を制御することが必要になる。

一方のサイドヘルパーは、障がいのある人を乗馬させる際には必要不可欠の存在で、騎乗者の乗・下馬を手伝い、騎乗者が乗馬中はすぐ横についていて騎乗者に何かあったらすぐに対応できなくてならない。ただ、騎乗者を自立させるためには手伝いすぎないことも肝腎で、インストラクターや理学療法士などから騎乗者の障がいの程度や能力についての説明を事前に受け、何をすべきか、してはいけないのかを知っておくことが必要になる。

現在、日本の障がい者乗馬の多くでは、これら現場のスタッフがボランティアによって支えられている。

「RDA横浜には常時、40人ぐらいのボランティアの人が登録されています。このうち20人ぐらいが流動的に入れ替わっていますね。ボランティアの人の中には月1回とか回数を少なくしながらも長く続けていられる人も多いのです」と話すのは、自身もボランティアで、この日の乗馬会を支えてくれるボランティアのコーディネートを行った、RDA横浜ボランティア・コーディネーターの佐々木美江さん。

佐々木さん自身も最初はこの乗馬会のボランティア募集を新聞広告で見つけて応募

最大２頭を使ってレッスンが行われる

して参加したのが始まりだと言う。佐々木さんが初めて参加してからすでに１８年の歳月が流れた。

馬以上に、ボランティアの人と接することに効果が…

「うちの子には知的な障がいがあって、最初はプールや太鼓、そのほかいろいろな習い事などを試したのですが、どれも本人が全く興味を持てなくて。唯一興味を持てたのが乗馬だったんです。それでずっと続けています。心臓にも障がいがあるので、無理な運動ができないのですが、乗馬だと無理なく、自分で意識して姿勢を正して乗れるので、彼ができる唯一の運動になっているのかなと思います」

ＲＤＡ横浜の定期レッスンに参加するようになって7年経ったという子どもを持つ別のお母さんはこう話し、さらに続けた。

「体力的なことよりも、メンタルな面でとてもいい効果があるような気がします。これは馬と触れあうこともそうですが、それ以上に、ボランティアの人たちと触れあうことがいい効果になっているような気がします。週1回は通っているんですが、本人はすごく楽しみにしているんです」

前出のもう一人のお母さんもこう話す。

「この乗馬会でのボランティアの存在はすごく大きいと思います。ボランティアの人たちがいらっしゃらなかったら、これはちょっとこれだけ子どもの乗馬を続けることは無理でしたね」

馬に乗ること以上に、ボランティアの人と接することが、障がいのある子どもにとって、非常に有効だという話は、この分野に長く取り組んでいる様々な専門家からもよく聞かれる話だ。

ホースセラピーがもたらす不思議な力の半分は、実はボランティアの人たちと障がいを持つ子どもとたちが接するということ自体に多くのカギが隠されているのかも知れない。

こうした目的を持って人と接することがもたらす効果、人との関係の重要性は、実は、ボランティアの人たちにとっても同じことなのである。

前出のＲＤＡ横浜の佐々木さんが続ける。

「ここに馬に乗りにくる子どもたちを見るとわかるのですが、馬に乗った後の子どもたちの表情って、とても明るくなるんです。わたしもそうなんですが、ボランティアを長く続けている人には、子どもたちの笑顔を見たくて続けている、という人が多いんですね。馬に乗りに来る子どもたちも、馬に乗るより、ボランティアの人たちと接することを楽しみに来ている子もたくさんいます」

乗る人の目標に合わせてレッスン・プログラムを組む

ＲＤＡ横浜で行われている定期乗馬会の特徴は、乗り手に合わせて比較的長期の展望でレッスン・プログラムを組んでいるところにある。

この日の乗馬会に参加した子とお母さんたち

RDA横浜では、年度の初めにコーディネーターが馬に乗る障がいのある子たちやその保護者から、馬に乗るときに課題になっていることや、乗馬会を含めた生活全般で今どういうことに気を付けているか等々といったことを聞いて、それを元にレッスン・プログラムを作っている。
このレッスン・プログラムは長期的に何をどう行っていくかというものと、明日1日のレッスンはどういう内容でいくかを示した2種類で構成されている。こうすることで、年間を通した乗馬会のスケジュールに無駄がなくプログラムを組み立てられている。
とはいっても、たまたまその日の乗馬会

に人が集まらなくてボランティアの人に余裕があるような場合、馬に乗る人の体力や集中力がもっと判断できれば、少し長く馬に乗ってもらったり、逆に当日はどうしても馬に乗る人の調子が良くないようだと思えば5分で終わり、ということもありうる。そこは臨機応変に、柔軟に対応している。

要は、RDA横浜のこの乗馬会は、あくまで障がいのある子どもたちのレクリエーションとして行っている、ということだ。

「当団体の乗馬会では、リハビリ的なこととか、教育的なものはうたってはいないんです。純粋に乗馬を楽しむ、ということで馬に乗ってもらっています。楽しみながら、ではできることは何か、ということになりますね」と話すのは、前出のRDA横浜理事・コーディネータの野口氏。

ただそうは言っても「実際は、レッスンを行っているときには、その区分は明確にはできないのです」とも言う。

たとえば、身体に麻痺の障がいのある子が馬に乗る場合、今日はどうも筋肉が硬くなっているようだから、途中でストレッチを入れましょう、というような場合、それは純粋に運動なのか、それともストレッチなのでやはりリハビリ的な要素も入ってい

この日のレッスンのプログラム

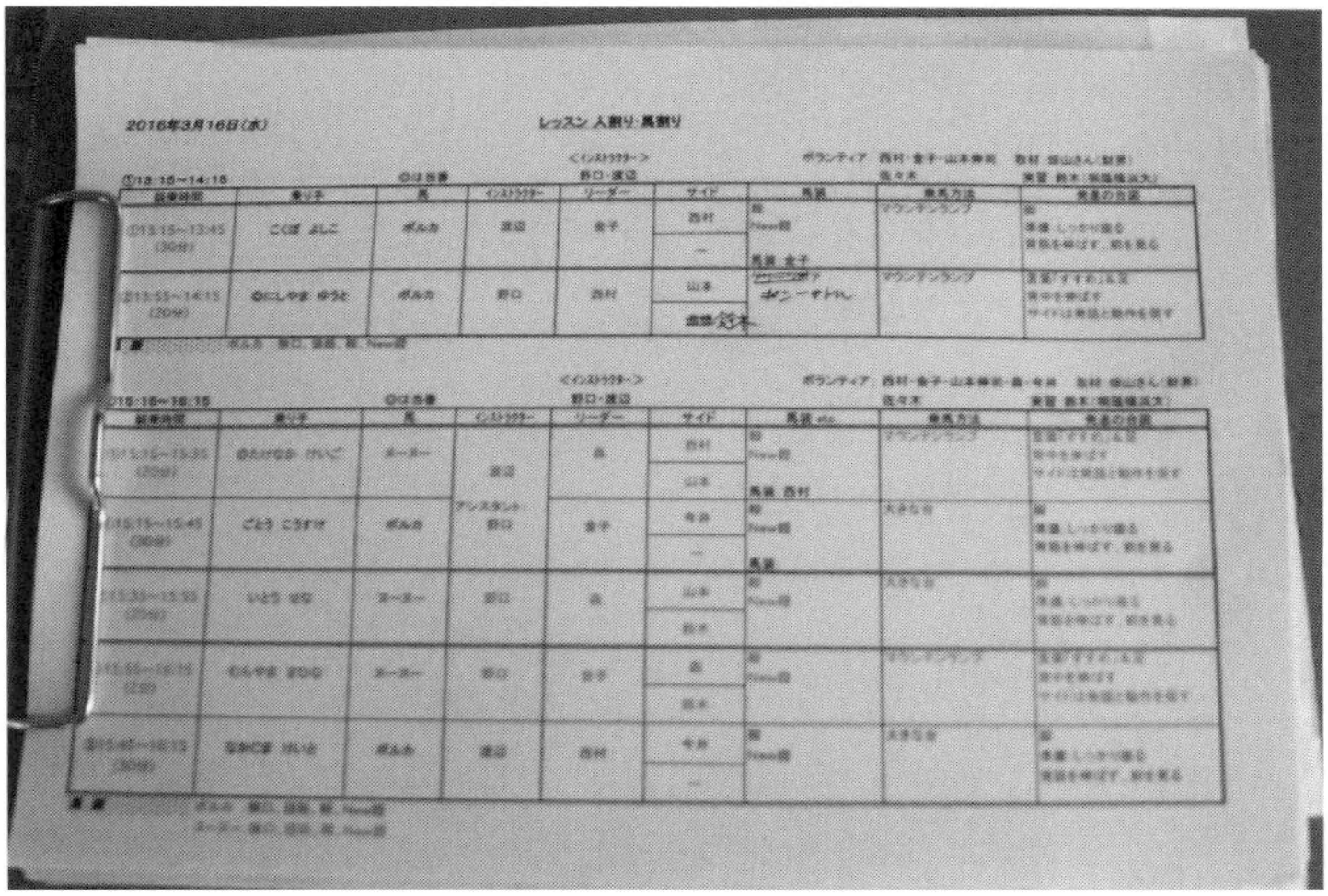

るのではないか、ということになる。

馬に乗ることを嫌がる子どもはいない!?

「不思議なことに、この乗馬会に来て、馬に乗るのを拒絶する子どもって見たことがないんです。まあ皆さん、お母さんたちがここに子どもを連れてくるまでには、子どもに言い聞かせてあるから、ということもあるのでしょうけれども。『絶対乗らないんだ！』みたいなダダをこねる子は一人もいないですね。なぜか皆、乗るのを楽しみにしてここに来ているんです。ここに来れば馬に乗れるから嬉しいみたいな、そういう感じです」

こう話すのは前出の参加2年目のお母さん。

参加7年目の前出お母さんもこう付け加える。

「それは本当にそうですね。これは不思議です。学校にいくとやはり、ちょっと荒れたりすることがあるのですが、ここに来るとそういうことが全くない。楽しんで馬に乗って、上機嫌で帰っていく、というのが日常になっています」

純粋に障がいのある子どもが楽しむための乗馬、スポーツ、レクリエーションとしての乗馬を目指している乗馬会であるからこそ、そのメンタルな部分からもたらされる効果が非常に大きいのかも知れない。

こんな不思議な話もボランティアの人から聞くことができた。

「重い発達障がいがある子どもの中には、椅子にちゃんと座ることもできないような子もいるのですが、そういう子が馬に乗ると背筋をちゃんと伸ばして馬に乗ることができるようになるんです。不思議なことは、その子が馬から降りてからも、しばらくの間は、ちゃんとした姿勢で椅子に座れるようになることなんです。これはどうしてそうなるのかはわからないのですが」

また、前出のお母さんもこんな話をしてくれた。

「うちの子どもはいつもはあちこち跳ね回って落ち着きがないほうなんですけれども、馬に乗ってる時は比較的落ち着いていて、『ちゃんと手綱持って』と、ボランティアの人に言われれば、ちゃんと手綱を持っているし。これが不思議なんですよね。本当に不思議な馬の力というか、あの馬小屋の近くに来た時からもう、子どもの様子が違ってくるんです」

動物が苦手だというこの子どもは、今でも怖くてニンジンなどを馬にあげることさえできないのだそうだが、馬の背には平気で乗れるのだ。それも馬の不思議な魅力の一つ。子どもは背が低いからいつも上から見下されているので、馬に乗ったときの高い目線がいいのかも知れない、とお母さんたちは話している。

とにかく馬に乗ったときの集中力は普段とは比べものにならない、それまで見たこともない子どもの姿が見られる、ということを、お母さんたちは異口同音に発言している。

1996年発足のNPO。発祥・英国の団体の総裁はアン王女

ここでRDA横浜という団体の紹介をしておこう。

RDA横浜はNPO法人として横浜に根付いた活動を行っている市民活動団体で、「心身障がい児・者および活動に関わる人々が、馬と触れ合うことで分け隔てなく健康的な社会生活ができること」を目的に活動している。

活動はボランティア中心で行われている。

RDA横浜の前身は、障がいを持つ子どもを抱える数人の母親たちが集まった任意の団体だった。この母親たちは「子どもにもっとたくさん馬に乗せてあげたい」と同じ考えを持っていた。「乗馬には障がいを持つ子にとって他のことでは得られないたくさんの良さがある」ということを何かの機会に実感していたからだ。

1995年12月、横浜市の根岸にあった「ポニーセンター」というところで第一回の乗馬会を開催した。翌年96年1月、「横浜さわやかポニークラブ」という会を結成、ボランティア、障がいを持つ子ども、その親や家族の協力による活動が始まった。それからほどなく、乗馬会のメーン馬場を横浜市の三ツ沢公園馬場練習場にし

た。

「最初は小さい任意団体から始めて、本当に月1回乗るか乗らないか、みたいな感じでやっていました」とは、前出のRDA横浜理事の野口氏。

ボランティア歴が長い前出の佐々木さんは、メーン馬場の三ツ沢公園馬場練習場が「最初の頃は草がボウボウの感じで、厩舎も古かったのですが、今ではこんなにきれいになって見違えるようです」とその昔の様子を語る。

97年6月、英国の慈善団体RDA本部からその活動が認められ、RDA横浜へ名称を変更。2000年1月、特定非営利活動法人として神奈川県に認証された。

横浜乗馬倶楽部とクラブ会員の人たちの協力や、様々な人からの援助、ボランティア、助成金等による自馬の購入等によってまず最初に週1回の定期乗馬会が催されるようになる。普及広報活動も活発に行うようになった結果、各方面からの賛同者が集まり、現在では平日週3回の乗馬会を行えるまで活動が活発になっている。

ちなみに前章で詳述した英国の慈善団体RDAの歴史は古く、設立は1964年。乗馬競技の国際大会で優勝経験もある英国のアン王女が現在、その総裁を務めている。

英国内のＲＤＡメンバーのグループは現在、約５００に及び、年間約２５０００人の障がいのある人たちが乗馬を楽しんでいる。この活動を支えているのは、年間約１８０００人のボランティアだ。
ＲＤＡとはRiding for the Disabled Associationの略。障がいのある人に健常者と同じように乗馬を楽しむ機会を提供し、ＱＯＬ（生活の質）の向上を図ることがこの団体が目指すところだ。

登録会員は５６人、２０１５年は年間延べ９４０回

ＲＤＡ横浜のメーン馬場である三ツ沢公園馬術練習場は、横浜市緑の会と横浜市体育協会の合同グループが全体を管理している。実際は、業務委託の形で横浜市馬術協会が練習場の管理を行うという形になっている。

従って障がい者乗馬が行われる馬場のすぐ隣は横浜乗馬倶楽部の馬場として使われていて、しっかり競技用のフォーマルウェアに身を包んだ乗馬クラブの会員によるレッスンが、この日も行われていた。

当日の乗馬会では3頭の馬が使われていた。2頭は横浜乗馬倶楽部の方で所有している馬。乗馬倶楽部からは最大で3頭を借りることができるようになっている。

RDA横浜では障がい者のための乗馬専用として1頭を所有している。名前をポルカといい、障がい者乗馬用に特別に調教トレーニングしている馬だ。

障がい者乗馬に使う馬はおとなしくて、人に従順であることが条件。それとこれは障がい者乗馬に使う馬にとって大事な点だが、「人といるのが楽しい、という性格の馬を選んでいます」(RDA横浜・理事の野口氏)。

馬の背の高さは、サラブレッドのように背が高くないもの、年齢もある程度いっている馬がいいということだ。馬の動きも当然のことながら、おっとりした動きの馬が合っている。

RDA横浜で所有しているポルカは、いわゆる雑種の馬だ。

乗馬倶楽部の馬はサラブレッドがほとんどだが、ホースセラピーに使われる馬には雑種が多く、ポルカにはハーフリンダー、トロッターなどの種類が混じっているという。

もちろん、乗る人によって大きい馬がいいか小さい馬がいいかを選ぶことが大事なことであり、それだけに自馬1頭だけでなく、同じ施設内の乗馬クラブからホースセラピーにあった馬を借りることで、複数の中から馬を選択できるようにしている。

野口氏によれば、同団体の定期乗馬会では15年には年間で延べ940回の乗馬が行われた。外馬場なので乗馬会の開催は天候に左右されるため、16年は800回の後半ぐらいになりそうだ。

RDA横浜の定期乗馬会に登録している会員は現在、56人。そのうち現在、定期的に参加しているのは30人ぐらいだ。このほかに、体験乗馬会を定期的に開いており、随時、参加を受け付けている。

登録会員の中には長年通っている人もいれば、入って1年未満の人もいる。

登録会員の月会費は7000円。定期乗馬会の参加料金は、平日20分で3500円、30分で5200円。この収入のほとんどは、馬場の使用料、馬の維持管理費用、スタッフの人件費で出ていってしまう。

乗馬は昔から上流階級が行う高級な趣味・スポーツとして見られていただけに、今でもやはり維持管理にはそれ相応のコストがかかってしまう。

ボランティア団体がこうした乗馬会の運営をしていくには、これぐらいの料金でも

RDA横浜の田口陽さん

ギリギリの状態というのが現実であろう。

この領域に魅せられ、獣医をやめてボランティアに

RDA横浜の活動はほぼボランティアの力で成り立ってきたといっても過言ではない。この領域の活動はボランティアの力抜きにしては語れない。

特にこの団体は前述の通り、登録ボランティアだけでも40人という数の多さが特筆できる。

この領域で乗馬会を行っている他の団体では、ボランティアの数が4～5人ぐらいしかいない、というところも多い。

これはこの団体は人口が多い地域にあるという前提条件があるからだが、加えて馬場の立地も都心から近く、交通の便も比較的良いという好条件に恵まれている。それらが現在、同団体がこの乗馬会を順調に継続できている理由であるとも言える。

いずれにして、ボランティアの人の力は重要で、前出の野口氏もボランティアでの参加からこの道に入ってきた人。

野口氏はもともと、小動物を対象にした獣医をしていた。

大学時代は馬術部で活動していた経験もあり、そうした経験が今に生かされている。

獣医時代、野口氏はいわゆるアニマルセラピーに関心を持った。アニマルセラピーと言えば普通は犬を使うのが主だ。当時は馬をアニマルセラピーとして使うことはまだ、日本ではあまり知られていなかった。大学時代に馬術をやっていたことから、馬を使ったアニマルセラピーはないのか？　と思っていろいろネットを検索しているうちに、この団体のことを知った。それからは、仕事を続けながら月1回、2回とこの団体にボランティアで参加するようになった。

今は獣医は辞め、ＲＤＡ横浜の専属の職員になっている。

ちなみに、メディアではよく使われている「ホースセラピー」という言葉だが、この団体ではホースセラピーという言い方をあまりしていない。この団体で普段、一般的に使っているのは「障がい者乗馬」だ。それは前述の通り、障がい者のためのレクリエーションとしての乗馬、というところに重きを置いているからだろう。

もっとそこにリハビリ的な意味を持たせたい場合には、一般的には「ヒポセラピー」とか、「治療的乗馬」という言い方が存在している。同団体ではその場合は、英語の「セラピューティック・ライディング」という言葉を使っている。

いずれにしても、広く一般に説明するときは、ホースセラピーという言葉を使うのがわかりやすいようだ。

熱心なボランティアによる手作りの良さ

ボランティアの人たちはただ単に、騎乗者が乗馬するときにリーダーやサイドウォーカーとして子どもの乗馬に付きそうという役割だけではない。乗馬会そのものに子どもが飽きることがないように、いろいろな工夫を凝らしているのだ。

レッスン後のミーティング

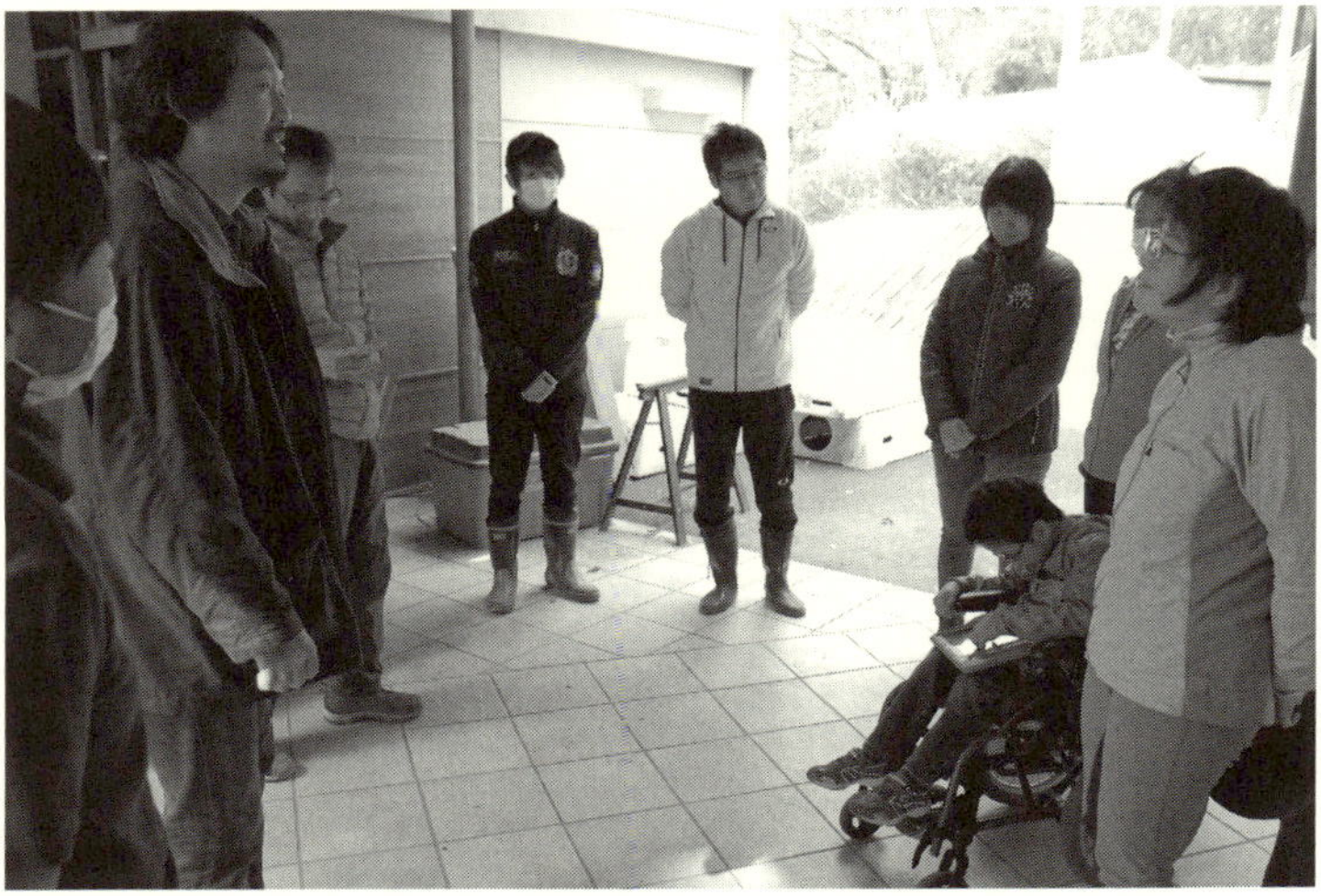

たとえば乗馬をしながら数を計算したり、アルファベットを覚えたり、ということができる遊技やしかけを考案したり、そのためにポストやポールを作ったりということまでやっている。
「ああいうものも全部、手作りなんです。いろいろな子どもたちに飽きさせないように、すごい工夫をしてくれていますね」とお母さんの一人は話す。
乗馬会は乗馬が終わったらそれでおしまい、ということではない。終わった後は皆で集まって今日の乗馬会を振り返ることを簡単にする。今日できたこと、できなかったこと、今度やりたいこと、そういったことについてみんなで意見を出し合う。

こういう交流の場を持つことが実は大切なことなのだ、ということをこの領域に長く携わっている専門家も強調している。

第3章

馬をつくる
―ある乗馬施設での取り組み

脳腫瘍で右脳4分の1を摘出した少女に笑顔が…

「人間の心の状態とか健康状態をするどく察知する能力があるのです。とても不思議ですけど、馬に携わっている人は皆さんそういうふうにおっしゃいます」

東京大学大学院農学生命科学研究科教授（当時）の局博一氏がこう話す様子が映し出される。

馬の持つ不思議な能力について、信頼が置ける大学の先生が話す様子が２０１１年１２月１４日、電波に乗ってお茶の間に届けられた。

毎週水曜日午後１０時２５分から１１時１９分まで放送されるフジテレビ系列のバラエティ番組「ザ・ベストハウス１２３」でこの日、「あなたも救われるかもしれない！　人間の身体に奇跡を起こす驚異の動物セラピー」という特集が組まれた。この番組で当時、すでにこのとき２０年も前からホースセラピーに取り組んでいた乗馬施設のことが紹介された。千葉県・成田市の「サイトウ乗馬苑」である。

この番組を見てホースセラピー、あるいは乗馬療法とか治療的乗馬と言われるものの存在を初めて知った人が、日本には多かったかも知れない。

番組で取り上げられたのは、1歳のときに致命的な脳腫瘍が見つかり、10時間に及ぶ大手術で右脳の25%を摘出した一人の少女。

手術後、この子は左半身が完全に麻痺した状態となり、また言葉を発することや表情を変えることもなくなってしまった。様々なリハビリテーションを行ったがなかなか効果は出ず、両親はわらをもすがる思いでサイトウ乗馬苑の扉を叩く。ホースセラピーのことは担当医からそういう療法があるということを初めて聞いた。

両親は毎週1回、1時間をかけてサイトウ乗馬苑に通った。最初の頃は何も変化はなかった。それが3カ月後、少女はわずかに右手を動かせるようになる。ついには笑顔を見せるようになり、言葉も発するようになっていった。

放送では当時の乗馬苑での実際の様子も映し出された。サイトウ乗馬苑で記録として保存していた映像があるからだ。確かに少女の表情に笑顔が戻っていくのがわかる。

少女はその後、乗馬を終えた普段のときでも言葉を発するようになっていく。

重いハンディキャップを持った子どもに、ホースセラピーがなぜ有効なのか。

先出の局教授は放送の中でこう語る。

「馬に乗ることによって使われていなかった脳のある部分が刺激されて活性化されたのではないか」

番組スタッフは、その後の少女の様子をうかがいに、少女の自宅とサイトウ乗馬苑を訪れる。少女は補助器具を付けて歩けるようになっていた。

両親が続ける。「ホースセラピーを続けて本当に良かった」――。

調教師が考えた日本でも「走り」の施設

サイトウ乗馬苑は、1989年、現在ある場所（成田市荒海）に設立された。馬場3面、厩舎35馬房をもち、最盛期には40頭以上もの馬を保有していたという、比較的規模の大きな乗馬施設である。遠方からの人のために、簡単な宿泊機能も備えている。

現在ここは、ホースセラピーを専門に行うことに特化した乗馬施設になっている。すでに設立から30年以上を経過した施設だけに、今日に至るまでにはいろいろな歴史を経ている。

前述のＴＶ番組にも登場する現在の代表者、齊藤純子氏は、３年前に夫を亡くした。夫の故齊藤速人氏は麻布大学の馬術部出身。船橋競馬で調教師を務めていた。馬全般に対する造詣が深く、サイトウ乗馬苑はその齊藤速人氏が設立した乗馬施設だ。

競走馬は毎日レースに出るわけではない。そこでレースに出ない馬を休ませる場所が必要になる。競馬場には普通、隣接して厩舎がある。普段はそういう厩舎で馬は休む。ただ隣接の厩舎で管理できる馬の数には当然、限界がある。

船橋競馬場では、１人の調教師が管理できる馬は最大１５頭と決められていた。トレーナーにとってのお客さんに当たる複数のオーナーが、仮に合計３０頭の馬を所有していたらどうか。オーナーは、最大で管理できる１５頭のほかに、残りの１５頭もどこか別のところに置いておき、うまく取り回して競争に出したいだろう。

しかしその場所は競馬場からそんなに離れていないところ、しかも馬に適度な運動ができ、ストレスがかからない環境で過ごせるところであればそれに越したことはない。

サイトウ乗馬苑の発想のおおもとはそういうものだ。恐らくそういう目的のために作られた「馬の施設としては、日本でも『走り』の施設だったのではないか？」と齊藤氏は自認する。

加えて、この施設には、創立者の齊藤速人氏自身が、趣味の乗馬を心置きなく行える場所としての側面もあった。

実は、齊藤夫妻は、それまでには自分たちも5頭の馬を所有する馬主になっていた。馬好きが高じ、競馬場での仕事が終わった後も、第二の人生としても馬に関わることを夫妻は選んだのだ。

齊藤夫妻は、最初は施設を持っていなかったので、所有していた馬はよそのクラブに預けていた。

「毎月毎月、たいへんな金額を払っていたんです。それなら自分たちで施設を持とうか、ということになった」（齊藤純子氏）

漸く、自分たちの施設を持つことになり、所有する馬をここに移した。

しかし自分たちが馬に乗るだけでは贅沢すぎる。馬術大会への出場を目指して日々練習を行いたい人や、施設の趣旨に賛同して馬に乗ってみようと思う人に広く呼びかけて来てもらう、そういう乗馬クラブの機能も施設に持たせた。

ただ、作った場所が成田駅から車で２０分はかかる人里離れたところ。一般の人にとって決して交通の便がいいとは言えない。もちろん、馬にとってはこの上なく環境がいいところだが。そういうロケーションの施設なので、乗馬クラブの機能だけではなかなか経営は成り立たない。

そこで、前述した馬主のための馬の休養施設と、乗馬クラブの機能に加えてもう一つ、ここを使って競走馬を調教する仕事も当初は行った。

馬との出会い、家族の反対

齊藤純子氏は１９４７年（昭和２２年）、宮城県仙台市生まれ。父親は電力会社に勤めていた。

齊藤氏と馬との出会いは、齊藤氏が中学生の頃。父親の単身赴任先に遊びに行って、近くの牧場で乗ったのが初めてだ。

齊藤氏は仙台の地方貯金局（現在のゆうちょ銀行貯金事務センターに当たる）に務めていたが、２０歳代の半ばにからだを壊し、療養が必要になった。

齊藤氏の夫・齊藤速人氏は当時、既に船橋競馬の調教師をやりながら宮城県の鳴子温泉の近くに牧場を持つオーナーだった。

父親は仕事の関係を通じてその牧場のことをよく知っていて、空気がいいところだからと、その牧場で療養することになった。これが齊藤氏と将来の夫との出会いのきっかけである。

病気療養は2カ月だけで、そのときは特に何も起きなかったのでその後、しばらくはその牧場とは音信不通だった。

あるとき仕事が休みになるので、たまたま牧場に電話をかけてみると、齊藤速人氏の母、後にお姑さんとなる人が電話に出た。

「休みなら遊びに来て、牧場を手伝ってくれない?」

そんな誘いを受けた。こうしてふたりの付き合いが始まった。

ただ結婚となると、相手が競馬の世界にいるというだけで家族の反対は強かった。

何せ今の競馬の世界とは違って、当時は競馬界と言えば、中学校を出てすぐその世界に入り、馬のほかにはやることがない、といったような人だけが集まってくるような雰囲気の世界だったからだ。

そんなことがあっても結局、齊藤氏は1979年に結婚。船橋競馬の調教師の妻となり、長年にわたって特殊な男社会の中でもまれることになる。そして10年後、サイトウ乗馬苑の設立となる。

「障がい者が安全に乗れる馬をつくってくれないか？」

1993年頃、当時、宮城県知事だった浅野史郎氏の親友で千葉に住んでいた弁護士の故・長谷川泰造氏がサイトウ乗馬苑を訪ねて来た。

「齊藤さんはプロだから、障がい者が安全に乗れる馬をつくってくれないか」

これがサイトウ乗馬苑がホースセラピーに取り組むきっかけだった。

その長谷川氏がなぜ齊藤夫妻と知り合うことになったのか。

サイトウ乗馬苑では当時、競走馬の調教を少しずつ減らし、何かもっと社会貢献ができることはないか、と模索していた。

実は、障がい者乗馬を始める前、齊藤夫妻は警察に補導された子どもを引き取って更生させるボランティアとして関わっていた。

そのきっかけは、当時、船橋競馬の近くで暴走族の車が多く出没していたことにある。何せその爆音で馬が驚く。もちろん警察が取り締まっているから、暴走族の子どもが補導される。

この子たちはいったいその後、どうなるのだろうか？ ふと気になった。

あるとき警察に聞くと、そういうことは家裁に聞くといい、と言われた。今度は家庭裁判所に行った。

家裁の人と話しをしていると、こんな話をされた。家裁送りになった子は、少年院に送られるか、保護観察処分になるか、不処分になる。その間、試験的に観察を行う施設が日本には足りない。

「そういう施設の一つになることに手を上げてくれませんか？」

齊藤夫妻は、乗馬苑を利用して社会貢献できると考えた。さっそく施設の申請手続きを始めた。自分の生い立ちやその他、こと細かな申請書類を作るために半年近く時間がかかった。

この作業のときに知り合ったのが長谷川泰造弁護士だった。

こうして1992年、サイトウ乗馬苑は家庭裁判所の「試験観察」のための「補導委託先」となった。

この制度がどんなものかを簡単に説明しておこう。家庭裁判所では、非行に走った子どもの最終的処分を決める前に、民間のボランティアに子どもを一定期間預けている。これを「試験観察」と言う。こうしたボランティアを民間に頼むのが補導委託だ。補導委託先は建設業、製造業、農家、飲食店、理美容店や児童福祉施設、更生保護施設など、様々なケースがある。非行に走った子どもに仕事や通学をさせながら、家庭的な環境で規則正しい生活習慣を身に付けさせ、再び非行に走ることがないようにする狙いである。

サイトウ乗馬苑は年に2人ぐらいの子どもを預かり、一緒に生活した。

補導委託試験観察としての子どもの受け入れでは、たいへんなこともあった。「馬場でナイフ突きつけられて、こちらも『やれるもんならやってみろ』って…。そういうこともありましたから」と齊藤氏は振り返る。

補導委託試験観察としての子どもの受け入れは2006年まで続けた。

齊藤氏自身は98年から保護司にもなり、こちらの方は今でも続けている。

また少年院に馬を連れて行き、非行に走った子どもを馬に乗せるといった活動をボランティアで今も続けている。

「子どもたちが乗るのはたった1周、1分だけなのに、馬に乗る前と乗った後では、顔つきが全然、違うんですよ」と齊藤純子さんは語った。

日本は屋外馬場が中心。どうおとなしい馬をつくるか

サイトウ乗馬苑がホースセラピーに取り組むきっかけを作ってくれた長谷川泰造氏には、実は、脳性麻痺の障がいを持つ子どもがいた。

長谷川氏は自分の子どもにいろいろな療法を試みてきたが、馬が一番合う――という結論に達していた。長谷川氏は日本乗馬療法協会（ＮＲＴ）という団体の代表も務めていた。

日本乗馬療法協会（ＮＲＴ）は１９９２年に馬懇（懇談会）として、故長谷川泰造弁護士（ＮＲＴ初代会長）、社会福祉法人コロニー雲仙・田島良昭理事長、公益財団法人ハーモニィセンター大野重男理事長、当時、厚生省職員であった浅野史郎氏（元宮城県知事）等々が立ち上げ、９５年に日本乗馬療法協会として正式に発足。初代会長・長谷川泰造氏の「どんな重度の障がい児童も忘れられることがないように、乗馬

療法の名称を使用する」という遺志を守って、普及・啓蒙活動を行ってきた。

ドイツから乗馬療法のインストラクターを招へいして独自の研修会を開催したり、月1回以上の勉強会を開催するなどの活動を行う一方で、自前の馬や施設を持たず、全国各地に要請があればそこに赴いて行う「移動乗馬教室」を続けてきた。

NRTの設立経緯についてはサイトウ乗馬苑がまとめた「ホースセラピーの歴史」という冊子に詳細が記載されているので以下に抜粋する。


＜長谷川泰造氏がホースセラピーの有効性を直感したのは、重度の脳性麻痺を患った娘さんがホース・トレッキングをしたときのことだった。下り坂になると、彼女は反射的に鞍から手を離し、身体をそらしてバランスを取ろうとしたのだ。

乗馬がリハビリテーションに何らかの効果を及ぼすと確信してからは、娘さんの入所先のコロニー雲仙愛隣牧場（長崎県瑞穂町・心身障がい者施設）でのホースセラピーを始めてもらったという。その後、馬を約100頭飼っている青年育成団の（財）ハーモニィセンターを知り、1995年にコロニー雲仙とハーモニィセンターの合同事業としてNRT（日本乗馬療法協会）を正式に発足させた。NRTでは、要請があ

齊藤純子氏

れば日本各地に馬を伴って訪れ、障がい者ばかりではなく、子どもからお年寄りまで馬に乗ってもらう活動をしている。一般の人が乗馬をたのしいと感じれば、「障がいのある方もお乗せしよう」という気持ちになり、これがホースセラピーの理解と普及につながる、と長谷川氏は信じている。＞
しかし長谷川氏からの「障がい者が安全に乗れる馬」をつくって欲しい、つまりホースセラピー専用の馬を調教するという課題は、なかなか難しいものだった。
「やはり馬って、すごく臆病な生き物なのです。ちょっとした物音や人の仕草にも驚いて。風が強いときなどは本当に気をつけないといけない。そういうことに驚かないような馬をつくるということなんです」（齊藤純子氏）
特に、日本の乗馬施設はほとんどが屋外にある。
屋外には騒音もあるし、強い風が吹けばいろいろなものが飛んでくる。

ちなみにホースセラピーの先進国であるドイツでは、ほとんどのホースセラピー施設は「覆馬場」といって屋内に設置されている。だから馬が落ち着いていられる。障がい者にやさしい施設、ということが考えられているのである。

覆馬場を作るにはしかし、屋外に馬場を作るよりもよけいにコストがかかるから、ドイツほどホースセラピーが普及していない日本ではなおのこと、こうした覆馬場を作るのが難しい状況にあると言える。

従って日本では屋外の馬場であることを予め想定して、ということは結局のところ、ドイツなどよりもよけいに注意を払って、おとなしい馬をつくることに注力していかなくてはいけない、ということになるだろう。

９３年ごろ長谷川氏からの話があってから5年ぐらいの間は、サイトウ乗馬苑はそうした馬づくりに打ち込んだ。

ホースセラピーに適した馬とは

創設者が調教師であり、最盛期で５０頭近くの馬を抱えていたサイトウ乗馬苑にはやはり、それなりに馬の調教の蓄積がある。サイトウ乗馬苑がまとめた小冊子「ホースセラピーの歴史」からは、その造詣の深さが随所からうかがわれる。

小冊子の最終章「ホースセラピーに適した馬」から、その特筆すべき部分を以下に抜粋する。

＜馬との交流

馬の感受性には驚くべきものがある。身体の自由がきかない乗り手なら、落馬しないよう腰を移動させたり、停止したりする。これほど賢く、人の能力や心持ちまで見抜けると思われる馬なら、感情の交流も不可能ではない。定期的に触れて、えさを与え、世話をすれば、乗り手の愛着は馬に通じ、馬も相手に好意を抱く。このような感情のやりとりが可能なのは、馬が群れを作る動物だからだ。

かつて大滝わらしべ園では、北海道産和種馬（道産子）を導入する際、障がい者乗馬の調教マニュアルを探したが、まったく見当たらなかったという。そこで、スタッフらは、毎日馬に触って触って触りまくった。さらに馬の腹の下をくぐったり、またがったりといったことを繰り返して、我流で、調教していかざるをえなかったのである。

今後、インストラクターだけでなく、ホースセラピー用の馬を育成、飼育できる専門家の養成が緊急に必要になってきている。＞

＜ポニーとサラブレッド

それでは、特にホースセラピーに向く馬の品種というものがあるのだろうか。たとえば小型馬のポニーは噛みつきやすいものが多いとされている。では、体高約160センチメートル以上で、「走る芸術品」と称される、競走馬、サラブレッドはどうだろう。サラブレッドは気性が荒いと思う人もいるが、それも先入観というものだ。確かに一般的な傾向として、サラブレッドはかんが強い。すなわち神経質で興奮しやすい。しかし、そうでなければジョッキーに指示にサッと反応し、鼻先で競り合うような競走馬に成長しない。そうなるように調教されるのだ。従って4~5歳までに競走馬として活躍したサラブレッドは、競って勝つことに激しい情熱を抱いてるので、一挙におとなしい馬に変貌するのはむずかしい。だが、引退して愛情深く飼われているサラブレッドには、穏やかな性格の馬が少なくない。

いずれにせよ、ポニーとサラブレッドがホースセラピーに適さないとはいえない。

特に母馬の出産に人間が立ち会い、手助けをし、離乳期まで愛情深く接していれば、やたらに人を噛んだり、蹴ったりする馬に成長することはない。＞

＜在来馬もホースセラピーに向く

あらゆる馬種は本来、ホースセラピーに適すると思う。

もちろんジャパニーズ・ポニーと呼ばれる日本の在来種も、ホースセラピーに参加できる。

日本在来馬は我慢強く優しい性格が多い。かつて人とともに労働を担ってきたので、働き者でもある。ホースセラピーに適した品種と言えるかもしれない。初めのうち、子どもたちは小さなポニーに乗りたがるだろうが、やがてもっと大きな背の高い馬へと目移りするはずだ。それは、馬のためにもなる。イギリスのＲＤＡでは、馬に無理がかからぬように、馬に応じて乗り手の体重を厳しく制限している。馬種の差ではなく、調教次第だ。セラピーに貢献できるように上手に調教すれば、彼らは立派に働くことができる。＞

欧州からメダリストを招いて開催された障がい者乗馬大会

齊藤夫妻が障がい者乗馬に本格的に取り組む転機が訪れるのは99年10月。青森で障がい者乗馬交流大会が開かれたときだった。
「うちで作った馬6頭を積んで、青森にまでこの大会に馬を出すために行ったのです。そのときに、世界的な障がい者馬術大会の金銀メダリストの人たちが、うちの馬に乗ったんです」(齊藤純子氏)
この交流大会のための来日した金銀メダリストは、ドイツのアンゲリカ・トラベルト氏と、同じくドイツのビアンカ・フォーゲル氏。
トラベルト氏は1967年生まれで、両下肢形成不全という障がいを持っている。6歳から馬に乗り始めるが、その後、乗馬や指導者が見つからずに練習を中断。18歳までは義足をして馬に乗っていたが、ウエスタン鞍を使い始めたのをきっかけに義足をせずに馬に乗るようになった。22歳から本格的な馬場馬術を始め、91年デンマーク世界選手権で個人2位・団体1位、94年イギリス世界選手権で個人2位・FS(フリースタイル)1位、96年アトランタパラリンピックで個人2位・FS2

位、99年デンマーク世界選手権で個人2位・FS2位・団体2位という成績を残している。

一方のフォーゲル氏は1961年生まれ。サリドマイド症により生まれつき両腕上肢形成不全の障がいを持っている。80年代から愛馬「ターボ」で一般の馬場馬術大会にも出場するようになった。91年デンマーク世界選手権で個人1位・団体1位、94年イギリス世界選手権で個人1位・FS4位、96年アトランタパラリンピックでFS8位、99年デンマーク世界選手権で個人1位・FS1位・団体2位という成績を残した。

大会は十和田市にある三本木農業高校で開かれた。大会の名称は第7回全国障害者交流乗馬大会というものだった。

交流大会だから出場者には世界的な競技大会への出場経験者もいれば、それこそ初めて馬に乗るという人もいた。

海外からゲストで招いた2人のメダリストが、障がい者が安心して乗れるようにと自分たちが丹精を込めて調教して育てた馬に初めて乗る——。これは齊藤夫妻にとって正に画期的な出来事だった。

自分たちも乗馬をたしなむのでわかっていることだが、馬を操るということは、手綱を使って操作したり、足を使ったり、体重を移動させたりと、かなりの全身運動が必要になる。それを障がいがあって下肢や上肢がない方々が見事に乗りこなしている。それを初めて眼前に見たときの衝撃と感動、そしてこれこそはこれから生涯にわたって打ち込んでいくべき仕事だと確信した。

手探りで作ってきたものがホースセラピー先進国ドイツと同じだった

最初のうちは何も手本にするものがなかったから、それこそ手探りでこの取り組みを始めた。
「マニュアルがないから、障がい者の施設へ行って朝から晩まで、施設で子どもたちの世話をして、この子はこんな感じだから、こんなふうに馬に乗せたらいいのじゃないかな、といったことを自分で考えていったんです」（齊藤純子氏）
２０１４年にドイツのホースセラピーの施設にスタッフと一緒に視察に行ったことがあった。この視察では、ホースセラピー先進国とされるドイツでのやり方が、手探りの中で作り上げてきたことと全く一緒だったことに安心することができたのと同時に、やはり感慨深いものがあったようだ。

「わたしはこの施設にはまだ3年半なのですが、短い期間の中ではありますが、この施設で見て、やってきたことと、ドイツで見たこととが基本的なことは一緒なのです。障がいを持つ子どもをどう馬に乗せるのか、その遊ばせ方をどうするかといったものが、先進国と同じことを最終的に20数年かけて確立してできるようにしたことはやはりすごいことだなと思いました」と話すのは、同乗馬苑の代表取締役を務める菅野仁氏だ。

ただ、ドイツの障がい者乗馬の施設は、前述のようにインドアホール、覆馬場がほとんど。

ドイツは夏の季節が非常に短く、日本のお盆を過ぎるころにはジャケットを着ないといられないぐらいの気温になる。覆馬場は馬を凍えさせないためと、やはり天候に左右されずにホースセラピーを行えるメリットがあるためだ。特に、騎乗者が初心者の場合には、乗馬に集中ができるインドアホールの方がいいとされている。

このためサイトウ乗馬苑でも将来はインドアホールの設置を計画しているとのこと

だ。

サイトウ乗馬苑のスタッフは現在、アルバイト1人を入れて全員で10人でやりくりしている。

サイトウ乗馬苑の特徴は自分たちのところでホースセラピーに適した馬をたくさん調教して抱えているということにある。だから要請があればいろいろなところに馬を持ってこちらからホースセラピーの出張に行くという、移動乗馬会とでも言うような取り組みも行っている。

こうした乗馬苑の外に出ての活動は、NPO法人を乗馬苑とは別に作って取り組んでいる。特別支援学校に馬を連れて行ったり、少年院に馬を連れていったりしてきた。

「馬を連れて行って、いろいろな人に乗ってもらいたいんです。いろいろな人たちに馬に乗ってもらって、馬ってこんなにいいものなんだよってことを分かってもらいたい。競技などではなくて、馬に触れる、馬と遊ぶということをやってもらいたいな、と思いながらずっと続けてやってきたんです」（齊藤純子氏）

認知度向上と保険適用に向けた活動

一人でも多くの人に馬に乗ることによる効果を知ってもらいたい、というのが齊藤氏の願いだ。そのために齊藤氏はこの領域のことを広めるための様々な活動に実際に力を入れてきている。

まずは、専門家である医療や福祉の関係者にこの領域のことを少しでも理解してもらわなくてはならない。今でも、医療や福祉の関係者の中には馬と聞いただけで、3K（危険、きつい、汚い）を連想してしまう人が多いようだから、こうした誤解を解いていく地道な活動が重要だ。

「リハビリテーションの偉い先生などに、説明を申し上げる機会があったのですが、とにかく『危険じゃないか』という言葉が一番先に返ってきますよね（笑）。（千葉）県議会でも何度か取り上げてもらったことがあるのです。でもトップがOKを出してくれなくてはどうにもなりません」（齊藤純子氏）

実際には、理解を示してくれている医療機関も中にはある。

千葉県東金市にある浅井病院というところでは、年に1回、サイトウ乗馬苑から病院の施設内にホースセラピーの馬を持ち込んでもらい、デイサービスで来られたり、入院されている患者さんに馬に乗ってもらう、という取り組みを行ってきている。

実は、余り知られていないが、今でもリハビリテーションの一貫として、病院施設内で作業療法士がついて患者が馬に乗ることになれば、これは健康保険の対象として病院側は保険点数がつけられるのだ。

問題はそうしたことが行える病院が日本にはほとんど存在していない、ということだ。

ホースセラピー自体に何らかの保険適用がされるようにならないか。保険適用されれば、乗馬施設に通っている障がい者の子どもを抱える保護者の負担はだいぶ減らすことができるだろう。

そうしたことを願って、齊藤氏は厚生労働大臣に提出するための署名活動も行っている。10万の署名を目標にして、今8万ぐらいが集まったところだ。

現在、延べで年間約500人ぐらいの人が乗馬しにやってくるというサイトウ乗馬苑だが、齊藤氏が今、取り組み始めたのが高齢者の体験乗馬。

高齢者のために1万円で3回~4回、馬に乗ることができるコースを設定したのだが、たいがい最初の支払いで終わってしまい、後が続かない。どうしてかその理由を探ってみると、年金生活者だから、とにかくお金が続かないからやめる、というのがその多くの理由だった。これも何らかの保険適用がされるようになったら、もっと高齢者の参加が増えるかも知れない。

超高齢社会の日本、元気な高齢者でいられるようにすることは、総医療費の削減という観点からも国にとっても決してマイナスのことではないはず。

是非、そうした観点からの国の論議が進んでくれることを齊藤氏も強く願っている。

付き添いの人にも乗馬を体験してもらう。「うちの子はすごい」

「わたしは学生のときに馬術部に所属していたからわかるのですが、何で馬術部が体育会に所属しているのか、と疑問に思っている人がけっこういらっしゃるのです。乗馬には想像以上の運動量があるということが理解されていないのです」（菅原氏）
そういうサイトウ乗馬苑では、ほかの施設とはちょっと違ったユニークな取り組みを行っている。
「乗っている本人ではなくて、付き添いの人の方が最初に飽きてしまうことがあるんですね。馬に乗って歩いているだけではないか、というふうに見えてしまうのですね。障がい者の方で自分から馬に乗りたいといって来ている人は非常に少ないです。だいたい親や兄弟、保護者の方がやってみよう、といって乗馬施設に来られる。だからその人が飽きてしまうのは理解を深めてもらうことにはマイナスですよね。そこで、当施設では、付き添いの方がそうなりそうになるちょっと前ぐらいを見計らって、一度、付き添いの方にも馬に乗っていただいているのです。5分間でも乗ってもらって降りてくる。そうするともう、それだけで足がガクガクしているんです。当施設では基本的に障がいのある方に40分間、馬に乗っていただいているので、もう付き添いの親たちなどは『うちの子はすごい、40分も乗っていられるんだ』ということになるわけです」(菅原氏)
これは馬の調教からスタートした、馬のことを熟知した施設ならではのホースセラピーのやり方だと言えそうだ。
サイトウ乗馬苑で現在、新たな取り組みとして目指しているのは、大企業などでメンタルな問題を抱えてしまった人に対するケアとしてのホースセラピーの取り組みだ。まだ未開拓の領域だけに、企業との連携を含めて、少しずつアプローチを開始しているところだ。

第4章

ハンディキャップを持つ人のスポーツ・レクリエーションとして

乗馬競技で実績を残した元アスリート

ホースセラピー＝乗馬療法は、心身の癒やしや治療を目的としたものだけではなく、ハンディキャップを持つ人のための教育やスポーツ、レクリエーションなど、様々な側面を持っている。

この章では、数々の競技大会などで実績を残し、現在は障がいを持つ子どもなどの乗馬会でホースセラピー普及の活動に取り組んでいる、自身も身体的な障がいを持つあるアスリートを紹介したい。

その人は現在、一般社団法人 日本障がい者乗馬協会（ＪＲＡＤ）会長を務めている渡辺廣人という人だ。

渡辺氏は下肢の不自由のため移動には車椅子が必要という、身体的ハンディキャップを持っている。

渡辺氏は、東京障がい者乗馬協会という団体の会長も務めており、この団体は障がいを持つ子どものための乗馬会を、都内や山梨県などの乗馬施設を利用して定期的に行っている。

渡辺氏は障がい者による乗馬競技のアスリートとして活躍してきた人で、欧米など海外での障がい者乗馬競技大会への出場経験が何度もある。２０００年にはシドニーパラリンピックに日本からの乗馬競技としては初めて、他の２人とともに出場する快挙を成し遂げた。

普段は都内の大学など複数の学校で英語の講師を務めている渡辺氏には、実は昔、地方の大学で教える常勤の話もあった。

その渡辺氏が非常勤での講師の道を選んだのは、地方に転勤となると当時、通っていた乗馬クラブでの乗馬の練習が続けられなくなってしまう、という思いがあったからだ。

渡辺氏が乗馬競技の練習を続けることを選んだ結果として、シドニーパラリンピックへの出場だけではなく、後進の指導にも力が入れられることになり、競技志向としての障がい者乗馬が日本で推し進められることに繋がったとも言える。

その渡辺氏が現在、会長を務めているＪＲＡＤは、９５年に発足した団体とされている。

ＪＲＡ競走馬総合研究所の「馬の用語辞典」（ネット版）の「障がい者乗馬療法」

というページによれば、ＪＲＡＤは１８８６年に設立された「日本身体障害者乗馬連盟」を改組して発足した団体、ということになっている。

日本身体障害者乗馬連盟はＹ氏という人が障がい者乗馬療法の全国的な発展を目指して結成した団体であることがここには記されている。

Ｙ氏は脳手術後の個人的体験から、８４年に栃木県に「障害者乗馬の会」を作った、日本で最初に障がい者乗馬療法を始めた人、とされている。

８５年にはＳ氏という人が栃木県上三川に、「なみあし学園」を開設したことが、Ｙ氏の取り組みの次ぎに登場する２番目のトピックとしてここにとりあげられている。

ちなみに別の資料をネット上で検索すると、Ｓ氏は国体１６回出場、優勝１回、準優勝１回の経験があり、このなみあし学園は現在、不登校児童などの受け入れを行っている乗馬施設を備えた学園、ということになっている。

ＪＲＡＤ自身が公にしている沿革によれば、９３年１２月に神戸市舞子ビラと明石乗馬協会の尽力によって第１回の全国障がい者交流乗馬大会が開催されたことが冒頭に挙げられており、前述したような前史には全く触れられていない。

ＪＲＡＤとしては、この大会を新たに発足した同団体の源流としている、ということだ。

いずれにしても95年4月1日に名称を正式に日本障がい者乗馬協会として正式に発足した同協会は、すでに20年以上の歴史がある団体、ということになる。

ちなみに渡辺氏がやはり会長を務めている東京障がい者乗馬協会の方は、94年6月に日本障がい者乗馬連盟東京支部が発足し、97年4月に東京障がい者乗馬協会が設立された、というのがその沿革として公に示されている。

アスリート的向上心が、障がい者の健康増進にも

アスリートの特徴は、絶えず上を目指そうという向上心、上昇志向があること。こうした向上心を持つことは、障がい者にとっても、自身の健康維持や健康増進に大きく貢献するものになる。

日本障がい者乗馬協会では、その活動方針として、競技の奨励と、競技会の開催を挙げている。

もともとホースセラピー＝乗馬療法が欧州で注目されるようになったのは、第1章で先述したように、ヘルシンキ・オリンピックでの馬術競技で身体的ハンディキャップを持つ選手がメダルを獲得するというセンセーショナルな出来事があったことにある。ホースセラピーにはその誕生当初から、競技志向という側面があることは無視できないことなのだ。

もちろん、ハンディキャップは人それぞれ状態が違うものであり、重度のハンディキャップを持つ人もいるのだから、必ずしもホースセラピーに参加する人全員に競技志向が求められるということでは決してない。

ホースセラピーは、その考え方の基本は、ほかの健康増進や健康維持のやり方と何ら違うところはないものでもある。すなわちそれは、継続することによってこそ、その効果が大きく期待できる、ということである。

このことからも、ホースセラピーでの競技志向の最大の狙いとは、参加者に継続して取り組んでもらう、ということが第一にあるのだ。

せっかく乗馬会に参加するのなら、ハンディキャップがあるからといって、いつまでも引き馬に乗って歩くだけでは、そのうち飽きが来てしまうかも知れない。

上達していく、ということがスポーツ全般を行うときの面白みでもあり、醍醐味であるはずだ。それがあるから、また次に練習に来よう、ということになる。これが長く続けられることに繫がるだろう。

引き馬に乗っている人ならば、次は一人で乗ることに、馬をゆっくりとしか歩かせられない人は、早く歩かせることに――。このように絶えず目標を持って取り組むことが、向上心の醸成にも繫がるだろう。

ホースセラピーにおける競技志向の神髄を、同協会では以下のようにしたためているので、最後にそれを引用したい。

「インストラクターによる真剣なレッスン。馬術の正装に身を包む晴れがましい気持ち。試合前の緊張感。結果の良し悪しに伴なう達成感や屈辱感。唯一のパートナーとして一緒に競技に臨む馬への信頼感や愛情も強まります。スポーツの大会で栄冠を勝ち取り、人々の拍手喝采を浴びながらメダルを首にかけてもらう気持ちは格別です。同好の仲間と知り合い、交流を深めるきっかけにもなります。馬術のレベルや競技成績は二の次。競技をすることで、日常生活ではなかなか味わえない気分や体験も手にできるのです」

アスリートとして競技馬術での技術的な上昇を目指してきた渡辺氏が、障がいを持つ子どもたちなどのためのホースセラピーに取り組むようになった理由は何だったのか、渡辺氏に聞いた――。

「馬にのった子供たちの表情が違ってくるのです」

インタビュー：日本障がい者乗馬協会会長　渡辺廣人

ウエスタンとブリティッシュ、2つのスタイル

――渡辺さんがホースセラピーに取り組むきっかけは何だったのですか？
渡辺　２０数年前、偶然、しばらくぶりで会った人、同じ乗馬クラブで一緒に乗っていた人がやっていていて、それがきっかけだったのです。

――それ以前から乗馬はやられていた？

渡辺　はい。３０歳代の初めくらいから乗っていました。だからもう３０数年になります。一緒に乗っていた方がホースセラピーを組織的に始めていまして、随分しばらくぶりに会ったとき、こんなことを始めたけれど、来てみないか、なんて誘われましてね。それで行ってみたのが最初です。

その人が乗馬会を始めた牧場は、山梨県の河口湖の近くの鳴沢村というところにあります。初めはあちこちでやっていたそうです。

渡辺廣人氏

行ってみたら、このときはまだ特別支援学校という制度がなかったはずですが、知的障がいや身体的障がいを持つ子どもたちがグループで来ていまして、最初は馬に乗るのがいやだと言って泣きわめいていた子どももいたんですが、馬にまたがった途端に、ニコニコと顔つきが変わってしまうんですよね。

意気揚々と馬に乗って、馬から降りてからも、非常に、乗る前と後では表情ががらっと変わっていましてね。

実は、わたし、自分で長年馬に乗ってきて、落馬も結構経験しているんです。当然、骨折も経験しています。

――渡辺さんご自身の足の障がいは、いつ頃から?

渡辺 生まれつきです。それで、障がいがある子どもが馬に乗ることで、どういういい効果があるのか、ということについては、最初はとても懐疑的だったのです。自分でも落馬を数限りなく経験しているし、それによる骨折も経験していたからですね。でもその施設に初めて行って、子どもたちの様子を見たときに、これはもしかしたら、乗馬というのは障がいがある子どもにとって、非常にいいものなのかもしれない、と思うようになりまして、それから関わるようになったのです。

――その方は、もうそこでは結構長く乗馬会をやられていたのですか?

渡辺 今、この団体は「日本障がい者乗馬協会」という名称ですが、当時は日本障害者乗馬連盟という名称で、その後内部でいろいろあって、日本障がい者乗馬協会として、これも20数年前になりますかね、新たに活動を始めたのです。今その方は、ほとんど障がい者乗馬には関わっていないと思います。

そうこうしているうちに、その方から、イギリスで障がい者馬術の世界選手権があるから行ってみないか、と誘われまして、見学に行ったのです。

それまではわたしは、ウエスタンというスタイルで馬に乗っていたのですけれども、その世界選手権大会を見て、日本で考えていた障がい者乗馬と全く違うということを知ったのです。日本ではしっかりヘルパーが左右について、馬を引いて、というのが障がい者乗馬の形ですが、そうではなくて、1人で自由に乗っている。スポーツの世界なんですね。

ところでそのウエスタンですが、乗馬には大きく分けてウエスタンとブリティッシュというのがあって、ブリティッシュというのはヨーロッパの馬術。ウエスタンというのはアメリカのカウボーイから始まった馬術です。

日本に帰ってきて、あの大会に出たい、と思うようになりまして、それが結果的にシドニーパラリンピックへの出場につながるわけです。

その間ずっと、障がい者乗馬に関わって、わたしの乗馬の経験があったことも含めて、東京障がい者乗馬協会会長をやってくれないかということになってしまい、わたしはずっと逃げ回っていたのですが、引き受けざるを得ないような状況になりまして、それがもう20年前のことですが、それから今に至っているのです。

――ご自身が落馬での骨折をされているとのことで、乗馬の危険性をなくしながら、しかし競技にも出たいという人も出てくるでしょうから、そのへんの両立についてはどういうふうに取り組んでいますか？

渡辺　そうですね、もう、自分では、1人で乗ってきて、そういう経験を繰り返してきたので、この障がい者乗馬では、絶対、障がいを持った人にけがさせてはいけない、という気持ちが強くあります。

自分がやってきたようになってもらいたいという要求はできませんが、ただ、1人で乗れるようになってもっとうまくなりたい、世界を目指したいという人もいらっしゃいますから、そういう人たちにも役立つように、同時に、そこまでいかなくてもレクリエーション的な乗馬を楽しみたい人たちもいらっしゃいますから、そういう人たちにも役立つように、どちらも両立させたいという気持ちで取り組んでいます。

――個人個人に合わせて、ということですね。上を目指したい人は技術をどんどん磨いてもらう、レクリエーションとしてやりたい人は、そういうふうにやってくださいということですね。現状でホースセラピーの乗馬をしたいという人はどれぐらいいらっしゃるのでしょうか。

渡辺　われわれの東京の団体で来られる方は十数名です。

――意外と少ないのですね。

渡辺　ええ。興味が他へ移って来なくなってしまった人など、過去の人たちを含めると20人以上です。

ただ、あまり人数が増えても、現状では、われわれが定期的にやっている乗馬会は毎回、せいぜい8人~10人で一日だけ行っているものですから、全員が乗れるように回すことができなくなってしまいます。

過大な期待をせず、長く続けること

――ホースセラピーをやっているところは、個人でやっているとか、団体とか、いろいろやっているところがあると思いますが現状、日本ではどういう状況なのでしょうか。

渡辺　日本には現在、大きな団体としては、ＲＤＡ（Riding for the Disabled Association）Ｊａｐａｎと、滝坂（信一）先生のところの治療的乗馬協会、それから、われわれの日本障がい者乗馬協会、この三つあたりが組織的にやっているメーンの団体だと思います。

それぞれの団体には各地に支部があって、たとえばＲＤＡＪａｐａｎはユニットという単位で、北海道から九州まで各地にあると思います。そのユニットをやっている人たちというのが、わりと個人的にやっている、あるいは大々的にやっているとかいろいろな規模がありますね。

日本障がい者乗馬協会も、北海道から九州まで支部がありまして、こちらはＲＤＡＪａｐａｎとは違って、ほとんどが乗馬クラブで、乗馬クラブの経営者が支部長になってやっています。われわれの東京の団体のように障がい者とボランティアだけでやっている団体というのは実は珍しいのです。

――　東京の団体が例外的なのですか。

渡辺　はい。

スポーツとしては、やはり、馬というのは日本ではまだマイナーだと思いますね。

障がい者が本当に馬に乗れるのだろうか、という、そんなイメージも結構、多くの人が持っていまして、なかなか乗ってみようという人は少ないですよ。

——発達障がいを持つ子どもが、馬と触れ合うことで、非常に癒やされるというか、前向きになった、という話を聞くのですが、そういう面はどうですか？　もっと注目されてもいいと思うのですが。

渡辺　われわれが困るのは、馬に乗ると障がいが必ず良くなる、という必要以上に大きな期待を持たれることなんです。ホースセラピーに過大な期待をされるのは困ります。馬に乗ったら何かいい影響があった、というのは、あくまで結果であって、特に、われわれ東京障がい者乗馬協会では、そういうことをうたってはいません。

障がい者が楽しんで馬に乗ってもらう、ということが最大の目的なのです。当然、結果はついてくる、というふうに考えています。

——実際に馬に乗られている方、ずっと続けられている方は、何かいい効果が出ている、非常に前向きになっている、ということで続けられていると思うのですが。

渡辺　障がいのある子どもにとって一番大切なことは、ボランティアの人たちとの人間関係なんです。その人間関係が広がってくる、ということもありまして、いい結果が出ているのではないかなと思うのです。

――ボランティアの人との関わりが非常に大事だと。

渡辺　はい。発達障がい、知的障がいの中には、馬を動物として認識できるかどうかが難しいというような重度のものもあります。単なる乗り物というような感覚しか持てないわけです。中にはペット的な感覚を持つ人もいます。

――馬と接することで、少しずつ馬に対する思いがだんだん形成されていく、ということなんですか。

渡辺　そうですね。それには長いこと時間がかかると思うのです。

――すぐに効果が出るような期待をされると困ると。

渡辺　そうです。ホースセラピーをやっているところのうたい文句などを見ると、中には結構、乗るとすぐに効果があるように勘違いされそうな表現も見受けられますが、それはもっと長い目で、長期間かかってつくられていくのだと考えてもらいたいのです。

ある乗馬クラブのオーナーとの出会い

―― 少しご自身のお話も聞かせていただきたいのですが、渡辺さんが最初に乗馬をやりたいと思ったきっかけは何だったのですか。

渡辺 子どものころ、テレビでやっていた西部劇が好きで、それを見て育ちましてね。ああいう格好をして自分も馬に乗りたいなと。その思いが大人になっても忘れられずに、30歳代初めになってから、初めて福島の観光牧場に行って、馬に乗ったのが最初です。ただ、福島の牧場は家から遠かったので、それに、やっぱり馬に乗る以上はうまくなりたいという気持ちもありまして、それで、目星を付けていた乗馬クラブがもう一つ、小淵沢にあったのです。最初に馬に乗ったときから1年後ぐらいだったと思いますが、今度はそこへ行きました。そこのオーナーといろいろ話して、こちらの乗馬への思いをいろいろぶつけまして、そうしたら、受け入れてくれた、ということなんです。

そのころは、障がい者乗馬のしの字もないような時代で、障がい者の人たちが乗馬クラブへ行って「乗せてくれないか」と言うと、だいたいは「危険だから駄目」と断られていたのです。

やっぱり危ないことは危ないですよね。なのになぜ、馬に乗りたいと思ったのか、ということはよく聞かれますね。

わたしとしては、馬とどう、やり取りができるか、馬に対する感覚というか、単に乗って走ればいい、というのではなくて、馬のことも考えながら、気持ちを通じ合わせる、というところが、馬に乗ることの醍醐味《だいごみ》ではないかな、という感じがしています。

小淵沢では、時には山の中へ入って走る、ということもやっていました。これはウエスタンスタイルの乗馬レッスンとしてやっていたものです。出で立ちはもう西部劇と同じで、上から下までカウボーイと同じかっこう。そういうものに趣味としてのめり込んでいたのです。

―― 最初に馬に乗ったときは怖くなかったですか。

渡辺 福島の観光牧場に行ったときは、怖くはなかったですね。何しろ観光で使われている、お客さんを乗せて歩くために使われている馬ですし、もちろん引いてくれる人がいましたから。たとえば、チケットを買って、30分間は自由に、丸馬場でとことこ乗ることはできるのです。ですが、わたしはそれだけでは面白くないなと思うようになったのです。

歩かせるときには蹴って、右はこう、左はこう、止めるときは引いてと、それだけしか教わっていなかったので、1人で勝手に乗っていたものですから、馬がつなぎ場に近づくと馬は休みたいから一目散に行こうとするわけです。そうするともう、馬との格闘になってしまって、手にはまめができましたね。それをまたつぶして手が血だらけになったり、といったことを最初はやっていましたけれども、小淵沢に行くようになってからは、一からきちんと教えられて、楽しめるようになりました。

——小淵沢のクラブでは、障がい者の方は危ないですからやめたほうがいいですとかは言われなかったのですか。

渡辺　断られませんでしたね。そこのオーナーも西部劇にあこがれて、自分で乗るようになって、クラブをつくったという人なので、お互いに気持ちが合うようなところがあったのではないかなと思うのです。

——そういう人との出会いがあるといいですね。

渡辺　そうですね。ウエスタンスタイルのクラブというのは、日本でもそんなになかったのです。日本の乗馬はほとんどがブリティッシュスタイルの世界で、そういうクラブへ行くと、どちらかというと、だんだん上達していって競技へ向かっていく、というようなところですから、断られるのは仕方が無いのかな、とは思うのですが。

1994年イギリスでの大会見学が契機に

――ウエスタンとブリティッシュの基本的な違いは、競技に結びつくかどうか、ということなのですか。

渡辺　基本的な違いというのは、カウボーイというのは、馬に乗って作業するわけですから、まず鞍が違うわけです。口に入れているくつわ、はみ（くつばみ）と言いますけれども、これも違います。

ブリティッシュの場合は、ぴんと手綱を張って、鞍はできるだけ余計な部分を省いたかたちになっていて、そこから乗り方がまったく違ってくるのです。

ブリティッシュのような手綱をぴんと張って、姿勢を正して、なんていう乗り方をしていたのでは、カウボーイは疲れてしまい、馬も疲れてしょうがないでしょうね。

ウエスタンでは、作業が楽になるような道具や乗り方で、手綱の使い方もあまりぴんと張らずに、むしろだらんとした感じです。馬のつくりかたもそうでしょう。

——そもそも馬の種類が違う？　競走馬はサラブレッドですけど、いろいろ種類がある？

渡辺　競走馬はサラブレッドで、日本で普通の乗馬クラブで使われているのは、競走馬上がりの馬も結構います。あとは、馬場馬術という競技を目指す場合は、サラブレッドより、中間種という言い方がされている馬に乗っています。馬の種類はほかにもいろいろあります。

サラブレッドはイギリスでつくられましたが、ウエスタンで乗っているのはアメリカでつくられた馬で、クォーターホースといいます。クォーターだから4分の1、何が4分の1かというと、昔、西部開拓時代、一つの街の大きさはだいたい端から端までの距離がほぼ4分の1マイルだったのです。そこをカウボーイたちが、端から端まで走って腕前を競い合うということをやっていまして、それに適した馬、言ってみれば短距離用になるのですが、アメリカでいろいろ掛け合わせて工夫を重ねてつくった種類です。馬によってそれぞれありますけれども、大体サラブレッドより小振りな馬です。

――渡辺さんが競技のほう、ブリティッシュを始めてからは、乗る馬はサラブレッドになっている。

渡辺　競走馬上がりの馬は結構乗っていましたね。

――渡辺さん自身は競技のほうを極めて、技術を磨いていったわけですが、そのへんはいろいろご苦労されたと思いますが、どう取り組んできたのですか。

渡辺　大会に出たいと思ってから、実際に練習を始めるまでは、実は何年か間があったのです。最初、大会の見学から帰ってきて、わたしの親しい友人に、元オリンピック候補だった人がいて、その人にコーチをしてもらいたいと頼んだら、心良く引き受けてくれたのですが、では何をやったらいいのだろうかと。どういう練習をやったらいいのか。どういうことが求められるのか、全く分からなかったのです。

イギリスへ見学に行ったのが1994年ですが、それから、わたしなりに障がい者乗馬に関する海外の文献などを集めてきて翻訳をしたり、ということはやっていました。それから何年経った頃だったかは正確ではないですが、テレビのドキュメンタリー番組の取材で練習風景を撮りたい、という話が来たのです。

実は、この撮影の話が、大会に出るための練習を始めるきっかけになったのです。だから最初に練習を始めた段階から、テレビのカメラが回っていたわけです。まあ、やらせと言えばやらせなのでしょうけれども。

ブリティッシュの場合、乗馬用のヘルメットというのがあります。ウエスタンでかぶるカウボーイハットと違うので、わたしはヘルメットをかぶった途端に緊張しまくってしまい、コーチが「駄目だ、これじゃあ。カウボーイハットに替えよう」と言って、替えた途端にリラックスできて一から撮り直しましたね。既に馬には長年乗っていた経験があるのでゼロからではなかったにしても、一から始めた感じでした。

だんだん情報が入ってきて、何をやるかがわかってきました。98年に初めてアメリカ・ロサンゼルスの国際大会に出場しまして、そのためにもいろいろ、手続きの問題や、何をやるのか、どういう練習をしなくてはいけないのか、少しずつ勉強をして、翌年のデンマーク世界選手権、その次の年2000年のシドニーパラリンピックにつながった、ということです。

もうはっきり言って、練習している最中は夢中ですから気付かなかったのですが、かなり無理をして乗っていたのではないかなと思います。シドニーが終わった途端に燃え尽きたようになってしまいまして、体力の方もガタンと落ちてしまって、どっと疲れが出ましたね。

その後は数年間、年に1回か2回は馬に乗っていたと思いますが、今はもう馬にはほとんど乗らなくなっています。早起きして、さあこれから乗るんだ、という気持ちに持っていくことがなかなか、精神的にも肉体的にもできにくくなりましたね。だから今はずっと、障がい者乗馬協会の裏方が中心になっています。

——今は全く馬に乗らないのですか
渡辺　全くというほとではないですけど、去年、コーチのところに、わたしの宝物なんて言っている馬がいるのですが、それにまたがりました。たまにそんな気にふとなることがあります。

——去年乗られたとき、どういう感じでしたか。

渡辺　時間が夕方で、向こうの都合もあったので、もう引き馬で、常歩でとことこと。手綱の使い方から、基本を体が忘れてしまっていますから仕方がないですよね。それでも45分くらい乗っていたと思います。

引かれて乗るのもプライドがあるし何かなあ、と思いましたが、しようがないですよね。体も硬くなっていますし、バランスも悪くなっていて、これは年齢と共にそうなりますから、しようがないことですね。

同じ生き物同士として馬の感情を理解する

――渡辺さんにとっての馬、乗馬とは、どういうものですか。

渡辺　これは馬にかなり乗るようになってから思うようになったことなのですけれど、馬の醍醐味というのは結局、馬とのやり取りなのです。馬は決して乗り物ではない、車とは違います。相手にも脳があって、感情がある。そういう生き物と、どううまくやり取りしていくか。これが乗馬の楽しみの一つなのです。

わたしにとって乗馬とは何か、と聞かれたら、一言ではちょっと答えようがないのです。今でも馬は日常的にそばにいますからね。乗らなくても、障がい者の乗馬会でいつも馬がそばにいる生活をしているので、何と言ったらいいんでしょうか、日常だというような感じでしょうね。

――馬は渡辺さんにとっては非常に日常に染みついているわけですが、馬と接することがない人たちにもっと、馬の良さを伝える場合、キーとなる言葉、これがいいのだというもは何でしょうか。

渡辺 それは今、わたしが話したように、生き物同士、どう対話をしていくか、という、この楽しさですね。馬と人がお互いコミュニケーションが取れて、馬がこちらの気持ちもくんでくれて、やりたいことを理解してくれて、気持ちが通じ合ったとき、どう馬が動いてくれるか。これが楽しいのです。

この楽しさを味わえるようになるには、やはり、かなり乗馬に入れ込むことが必要です。そうでないと、ただ「馬ってかわいいよね」という話で終わってしまうような気がします。

――生き物同士が会話するというのは、なかなか難しいことだと思います。そういう境地に辿り着くのには結構、時間がかかることなのですね。

渡辺 そうですね。初めのころというのは皆、だれでも馬に乗れますから、自分で馬を御すことができる、というレベルで満足してしまっていると思うのです。

さらにそういうふうに、馬とのやり取りを感じられるようになると、また楽しさが違ってくるのではないかなという気がします。

――ホースセラピーでボランティアに携わる人にはそれぐらいのところまでやってもらいたい、ということですね。ボランティアになる人は、やはり馬が好きだからという人が多いのですか。

渡辺　そうですね。やはり好きというところから始まる場合が多いでしょう。あるいは、誘われて乗ってみたら好きになったという場合もありますし、乗馬会のボランティアをやっているうちに自分でも乗ってみたいと思って乗ったという例もあります。

ボランティアの定着をどう図るか

――ホースセラピーに携わるボランティアは人員的には足りているのですか。

渡辺　われわれの会では年に2、3人、体験ボランティアというような形で来てくれていますけれども、定着してくれるかというとなかなか結構、難しい気がします。

はっきり言って、ボランティア経験なし、乗馬経験なし、馬に触ったこともないという人たちも来ます。

でもそういう人たちにも、乗馬会が終わった後に、馬に乗ってもらって、馬というものを理解してもらうようなこともやっています。その中で、乗馬にはまってしまって、乗馬クラブへ通い始めたという人もいます。

――ボランティアとして定着するのが難しいのは、経済的な面やいろいろな面があると思いますが、主にどういう理由からですか。

渡辺　そうですね。うちの場合、月に2回くらい河口湖と、あるいは世田谷公園で乗馬会をやっていますが、休みの日に早起きして出掛けていって、余暇をどう使おうか、ということになってくるのだろうと思うのです。やってみたら合わなかった、なんていう場合もあるのではないかと思います。

――ボランティアは若い人が中心になりますか。

渡辺　そうでもないですね。５０歳代の人が多いです。一番年配で７０代前半です。仕事をリタイアして、その後どう生活していくか、ということを考えたときに、ボランティアをやろうということもあるようです。

――これから高齢化になりますので、そういうリタイアした人も活躍してもらうという場を提供する面でも非常にいい取り組みなのではないかと思うのですが、是非、参加する人が増えてくれるといいですね。
渡辺　はい。何年か前まで当会の副会長をやってくれていた女性がいるのですが、彼女は自身の障がいの状態をかなり悪くしてしまって、田舎へ引っ込んでいたのですが、最近また東京へ戻って来ました。その後、副会長をお願いしている男性は健常者ですが、彼には長くやってもらっています。

精神的なケース（うつ病等）には検証が必要

――セラピーとして馬に乗りたいという人の方の話ですが、子どもだけではなく、どちらかというと仕事のやり過ぎでうつ病になって退社した人とか、いろいろなニーズがあると思うのですが。あるいはリタイアしてやることなくて認知症が始まってしまった人とか、そういう方面への対応についてはどういう考えですか。
渡辺　精神科が絡む場合は少し難しい面がありまして、専門の人がついていないとなかなか難しいところがあって、当会としてはちょっと避けたいというところがあります。

ただ、発達障がいの場合は、若い人たちが多いので、これは受け入れてはいます。知的障がい、視覚障がい、身体障がいなどなどの方が参加されています。

——全盲の方もいらっしゃるのですか。

渡辺 ええ。1人いらっしゃいます。もう70歳代の男性の方です。ガイドヘルパーが毎回、一緒について乗ります。今までに視覚障がいの人はほかに4、5人いました。

——全盲の人は感覚で乗れるのですね。

渡辺 そうですね。よく目の見えない人は感覚が研ぎ澄まされるということを言う人がいますが、誰もが必ずしもそうなのではありません。人によって、ある地点から真ん中まで行くのにこの馬なら何歩で行く、ということをきちんと分かる人と、そうではない人もいます。

馬場は長方形だけとは限りませんが、たとえば主審がいるところをC、入り口をAとして、ABCDEと地点を決め、AAAAと声を掛け、その声を頼りに動いていくことをやります。

――たとえば専門の先生がついて精神的なハンディキャップの人を受け入れてやっている乗馬施設はあるのですか。

渡辺　他の団体のことはよく分からないですが、日本障がい者乗馬協会の支部では、受け入れてやっているところもあります。

ただ、どこまで専門的な立場でできているのかというと、そこまで把握はしていません。

――精神的・身体的障がいにはいろいろなケースがあると思うのですが、いわゆる一般的な精神障がいである統合失調症、あるいは認知症などに、ホースセラピーは効果があるのでしょうか。

渡辺　どうなんでしょうか。統合失調症や認知症に対してホースセラピーで取り組んでいるということ自体、あまりやられているところがないのではないかと思います。

――例が少ないから効果もわからない、ということですね。うつ病についてはどうですか。アニマルセラピーまでいかなくても、自然に接することでうつが癒やされる、という話はよく聞きますが。

渡辺　うつとなると、イヌとかネコとか、そういった動物のほうがいいのではないかなという気がします。馬となると、やはりどうしても危険が伴いますから、乗ったときに乗り手がどういう反応を示していくか、という点では難しいのではないかと思います。

ただ、乗り慣れてきたら、馬も分かってくれて、その結果、いい影響を与える、ということは大いにあり得ます。

――その点は専門的な分野からの検証が必要ですね。

渡辺　そうですね。実は、わたしの女房は作業療法士なんです。昔はよく、障がい者乗馬の活動に関わってくれたのですが、なかなか参加するのが難しくなりまして。当会にはもう一人、作業療法士の人がいたのですが、その人も実家が確か岩手県で、親の介護が必要になり、なかなか東京へ出てこられなくなってしまいました。

やはりそういう専門の人たちがいない中で、素人判断で何かをやるのは、この分野では危険だと思います。

――日本ではマンパワー不足がいろいろな分野に出て来ています。近親者の介護とかがあるともう、どうにもなりませんね。

渡辺　そうですね。ホースセラピーの分野では特に、専門家の助けは重要な要素だと思います。それが実際にはなかなかうまくいっていない面が大きいです。今まで理学療法士や作業療法士の人が何人も関わってはくれていましたが、それぞれ事情があって来られなくなってしまいました。
――福祉の分野ですから理学療法士、作業療法士は絶対に必要だと。
渡辺　そうです。わたしの場合、このケースはどうしたらいいかと迷った場合には、女房に相談していますし、ウエスタンのころの乗馬仲間で内科のお医者さんをやっている人もいますから、何かのときには相談することもあります。でも実際、どちらの場合も、乗馬の現場に来てもらうのはなかなか難しいですね。
――そういうことに専門で携わる人がどんどん増えて、もう少し組織的な仕組みができることがベストですね。そのためにはやはり、ホースセラピー自体の認知度が高まることが重要です。
渡辺　そういうことですね。ＲＤＡＪａｐａｎなどでは、資格制度があって、イギリスのＲＤＡ本部の資格制度を日本向けにアレンジして導入することはやっているようです。日本でもそれなりに知識、経験が積まれてきましたので、何とかしていこうという態勢にはなってきていると思います。

第5章

馬と医療

「馬とのふれあいがもつ多様な可能性に多くの方が高い関心を持ち始めています」

特定非営利活動法人日本治療的乗馬協会理事長　滝坂信一

馬の何がわたしを惹きつけたのか

わたしは、これまで障がいのある子どもの教育についての実践的な研究にかかわってきました。障がいがあるかないかにかかわらず、また、子どもであるかおとなであるかにかかわらず、人の豊かな学びには、その人の知りたい、やってみたい、身につけたいといった意欲や願いが深く関連しています。

1989年のことですが、日独の研究者で「重度重複障がいのある子どものコミュニケーションと身体」に関する共同研究を始めることになりました。ドイツの共同研究者の一人は理学療法士でしたが、彼女が馬を用いた実践を行っていることを知り、少し乗馬の経験があったわたしは、その実践を見せてもらうことにしました。それは、脳血管障がいによる片麻痺のある女性2名、社会的な不適応行動のある小学校低学年の子どもたち5人のグループに対するセッションでした。

その実践では、クライエントの気持ちや意欲が重視され、心と体に対する統合的なアプローチが行われていました。その様子から、教育として自分が実現したいと願っている考えや内容が、馬をパートナーとすることによって様々に実現できる可能性が高いことを強く感じました。

帰国し、わたしの乗馬の先生に相談し、馬の調教から準備をして実践的な活動をスタートさせ、それから四半世紀が経ちました。この間に、馬をパートナーにした「草の根」的な各地で行われる活動は、確実に根を張り、芽を出しつつあると感じています。

この領域は国内でどのように発展したか

国内では、1980年代半ばから国内各地で試みられるようになってきた活動領域です。日本における取り組みの大きな特徴は、乗馬愛好者など馬事関係者が中心になってこの活動が行われてきたという点です。そして、この活動を普及させるために説明として用いたのが、乗馬の医療的な効果でした。マスコミも、「ホースセラピー」

や「乗馬療法」そして「リハビリ乗馬」といった表現で取り上げました。その傾向は今も根強く続いています。

用語、活動の目的の問題

わたしの属しているNPOは「日本治療的乗馬協会」といいます。また、年に一度開催している研究集会を「『治療的乗馬』研究集会」といいます。この、「治療的乗馬」ということばは、'Therapeutic Riding'の和訳です。この用語は1970年代末から国際的に用いられるようになったもので、(1)理学療法における乗馬、(2)障がいのある子どもの教育・心理療法における乗馬、(3)障がいのある人のスポーツとしての馬術、レクリエーション、の全体を意味しています。ここで「セラピー」は、人の心身の健康にかかわる専門領域における明確な目的のもとに行われる乗馬の活用を指しているのですが、一般の人々に「セラピー」ということばは、医療における治療を連想させてしまう側面があります。

他方、この領域に関連する「障がい者乗馬」という用語があります。これは、

'Riding for the Disabled'の日本語訳です。この用語は、第二次世界大戦後、障がいのある人々の社会参加の一環として乗馬の機会を提供することを目的に行われる馬事愛好者を中心としたチャリティーの思想にたったボランティア活動を意味しています。
近年は、これらの領域は「人の心身の健康に対する動物を介在させたかかわり」(Animal Assisted Intervention)に位置づけられ、「医療（理学療法・作業療法・言語療法）における馬の活用」、「教育における馬の活用」、「心理療法における馬の活用」「障がい者スポーツ（馬術）」「障がいのある人々のレクリエーションとしての馬事活動」というように、それぞれの分野で議論され方法論の開発が行われるようになりつつあります。また、単に「乗馬」だけではなく、馬や馬のいる施設全体といったより広い視野からの活動が考えられるようになったというのが近年の変化と言えます。

活動の質的向上をめざして

わたしたちは、2005年に元国際障がい者乗馬連盟会長の故カール・クルーヴァー博士を招き、日独交流の正式プログラムの一環としてセミナーを行いました。目的は、この領域が国際的にどのようなものと理解され行われているかについて、理論的かつ実践的に学び日本の今後を展望するというものでした。

これを第1回として、この領域に関心のある人々が団体や組織を越えて集まり、意見交換や情報の共有を行うことを通じて質的な向上を健全に図っていくことを目的に、「治療的乗馬研究集会」を年一回開催しています。第9回以降は、国内の主要団体、公益財団法人 ハーモニィセンター、一般社団法人 日本障がい者乗馬協会、特定非営利活動法人 ＲＤＡＪａｐａｎ、と共同で開催し、２０１６年2月の「第１１回『治療的乗馬』研究集会２０１６」には全国から約１２０人の方々が参加し、活発な議論が行われました。

馬のいる場で起きること

多くの人たちは、馬という動物から「乗る」ことを連想します。また、この領域を知っている人々でも、「乗ることによる運動機能改善への効果はどうか」のみに意識が行く人も決して少なくありません。この活動を始めた当初、わたしもその例外ではありませんでした。

わたしは、心理・教育という側面から馬をパートナーとした活動を行っています。「乗馬」という活動は、身体運動、認知、情動調整、社会性や言語に関する学習などを、学習者の意欲を基盤にして同時に機会を提供できるという点で、他に勝る非常に大きな特徴があります。

しかし、馬という動物との関係のなかで生まれるもの、馬という動物のいる場の豊かさ、そこに集う様々な人々、これらを総合的に考えたとき、それは非常に豊かな場や機会であり、それを活動の基盤として常に意識することが重要であると考えるようになりました。

それは、間違いなく、活動の場に身を置くことによって学んだことです。

また、この領域は関心の焦点が医療的な効果や、参加するクライアントだけに意識が向けられがちですが、過日の研究集会では、一緒にやって来る家族にとってどのような機会を提供しているのかについて保護者の方々に話題提供をお願いし、議論をしました。

活動において大切にしたいこと・スタッフ同士の関係、馬との関係

馬のいる場には多くの人たちが「惹きつけられて」やってきます。そこでの活動をさらに確かなものにするためには、実施者の意識的な取り組みを欠かすことができません。

活動を行う施設で馬がどのような扱いを受けているか、またスタッフ同士の関係はどうか、その実態は実践に直接反映します。馬が健全で意欲的であること、スタッフが人々に対して開かれており、前向きで創造的であることが実践をより豊かなものにします。

最大限で最小限の援助／相互の気づきと共有／安全と安心…

この領域の最大の特徴は、本人の「やりたい」という強い意欲によって成立しているということです。わたしは本人が「やりたい」「もっとやりたい」「またやりたい」あるいは、馬のいる場に「来たい」「もっといたい」「また来たい」と感じられること

を大切にしたいと考えています。そのためには、関わり手の援助が出過ぎず、不足もない「最大限で最小限」のものをめざすことがよいと思っています。

この領域の活動は非常に豊かな内容であることから、予想もしていなかったようなすばらしいことが次々と起こります。このことを見逃さない、ことばにして共有する、それが活動をさらに豊かなものとして開発することにつながっていくと感じます。

この領域の活動で最も避けなければならないことは、事故と怪我です。しかし、それはいつでも起きる可能性を持っています。それは、馬の状況に起因するもの、クライエントの障がいに起因するもの、活動プログラムの内容と進め方に起因するものなど様々です。逆説的に言えば、最も安全なのは「このような活動をしない」ことです。どのように工夫して事故や怪我の発生をゼロにする努力を怠らないか、また、生じたときにどのように対処するかに常に取り組んでいる必要があります。それは、実施する側の責任です。

この領域で活躍する馬の確保

日本でこの領域をより発展させ普及していくためには、いくつかの大きな課題があることも確かです。それについて、いくつかを挙げておきたいと思います。

日本に一番多くいる馬の種類は、競馬に使われるサラブレッドです。一般にサラブレッドは次の理由から、この領域で使うことに適しているとは言えない側面がありま す。まず、体高が高いことから、乗り手に対するサイドからの介助が困難であることです。

次に、「速く走る」ということのために長い歴史をかけてつくられてきたサラブレッドの気質は、障がいのある人たちの活動に用いることに必ずしも適していないということです。

もちろん、これは一般論であり、個体として考えたときにこの領域に使えるサラブレッドが皆無というのではありません。事実、この領域で活躍しているサラブレッドがいます。

この領域で用いる馬の調教

日本には、この領域で用いる馬の調教をする人が少ないという現実があります。理由は、日本はこの領域の歴史がまだ浅く、「人の心身の健康」に関する専門の人たちから「馬をこのように調教してほしい」という具体的な要望がないことを挙げることができます。つまり、具体的な要望がなければ、どのような馬として育て上げたらいいのか、馴致や調教の目標が設定できないのです。もう一つは、調教には長い時間と専門的な労力が必要とされます。欧米では、この領域に用いるのに適した馬は9歳ぐらいからというのが一般的な考えです。それほどの間飼養され馴致・調教されるということは、それだけのコストがかかるということです。しかし、現在の日本では、そういった高額な馬の売買は経済的に成り立ちません。

質の高い活動を保証する方法

近年、この領域の質を確保するために「資格認定制度」をつくるべきではないかという話をよく聞きます。わたしは、いずれそのようなことが本当に必要な日が来るかもしれないけれど、日本にはまだその条件が整っていないと考えています。では、それぞれの活動が質高く行われるためにはどうしたらよいか？　まずは、この領域に携わる人たちが必ず学ぶべき内容を整理して「養成研修制度」をつくることではないかと思います。これには、馬事関係団体、関係学会、大学等の協力が不可欠です。また、相互に意見交換をしたり情報の共有をする研究集会やワークショップのような機会の工夫が大きな意味を持つでしょう。併せて、活動実施施設の評価も大切だと思います。

「エビデンス」ということ

この活動のことが話題になる時「効果にエビデンス（証拠）はあるのか？」という質問に出合うことが少なくありません。この質問の裏には「直接見たり体験したことはないけれど、本当に効果はあるのか？」という懐疑的な思いが含まれているように感じます。この問いは、この活動を普及させるために、関係者が説明として乗馬の医療的な治療効果を謳ってきたことからの弊害だとわたしは考えています。因みに、わたしの知る、この領域に直接かかわったり強い関心をもつ医療従事者の中に「エビデンス」を声高に言う人はいません。むしろ、自分たちの中で「エビデンス」にかかわる事実を集めたり、実験的な検討を着実に行っているようにみえます。他者の探した「エビデンス」に頼って何かをする姿勢は、この開発途上にある活動に関して言えば、あまりにも第三者的で依存的なものに思えます。なお、わたしは「エビデンス」そのものを否定するものではありませんし、これにかかわる研究が進むことを心から願っていることを付け加えておきたいと思います。

質の高い活動を開発・持続していくための運営資金

上に述べた課題のすべてを覆って大きいのは、資金の問題です。この領域の活動を続けていくためは、この領域で仕事をする馬が健全な状態であるよう日常的な管理をしなければなりません。そのためには適した施設が必要です。そして何よりも専門スタッフが必要であることは言うまでもありません。つまり、決して低額ではない安定的な運営資金が必要になるのです。それが、「乗馬は裕福な一部の人たちの趣味」と言われてきた由縁でもあります。健全で持続可能なこの領域の活動に資金の確保は欠かすことができません。

高齢者が元気に過ごせる

以上のような課題を一朝一夕に解決することは難しいことですが、特に資金問題の解決の糸口にならないかと考えているアイディアのいくつかに触れたいと思います。

日本は、高齢化にどのように対応するかということが大きな社会的課題です。近年、「認知症」とあわせ、あちこちで「ロコモティブ・シンドローム」ということばを見聞きするようになりました。身体が動かなくなるということは、個人の生活の質的低下を招くだけでなく、結果としてお金、社会的コストがかかることである。これに対し予防的な取り組みをしていこうという動きです。

不思議なことに、馬のいるところには世代を超えて様々な人たちが集まります。つまり、馬は様々な人々を友好的につなぐのです。また、馬のいる広い場所は自ら体を動かす様々な機会に恵まれています。馬のいる場での喜びのあるいろいろな活動を通じ、高齢者がいつまでも元気にいられるような、そして皆で支え合える地域社会にしていこう、ということです。そしてこのことに多方面から資金が投入されるということです。

現代人とストレス緩和／人間関係やコミュニケーションを見直す

東京都心の高層ビルで2頭のミニチュア・ホースを飼っている会社があります。自然とはかけ離れた人工的な環境で仕事をしている社員のストレス緩和に貢献する可能性があるとして行われている試みです。人々はちょっとした休憩時間を見つけてそこに出かけ馬たちの姿を見また仕事に戻っていきます。2頭はリフレッシュのために定期的な自然の中に放牧されますが、この活動の延長線上の取り組みとして、これらの人たちが馬のいる場所に行ってリフレッシュできるといいなと感じます。

馬はことばの細かな意味が理解できるわけではありませんが、相手の感情を敏感に察知することができます。患者の気持ちにより添い、心を通わせた対応を工夫するための研修として、馬と関係をつくるという体験から考えるという研修を行っている病院があります。

わたしも昨年から、馬との触れあいを通じて、人のコミュニケーションのあり方を捉え直す機会をもとう、という3泊4日のワークショップを長野県にある木曽馬保存施設「木曽馬の里」との協働で始めました。

在来種馬の活用

日本で昔から農耕や運搬に使われてきた在来種の馬が、現在8種おり、約1800頭が各地で飼養されています。北海道の北海道和種、長野県木曽地域を中心とした木曽馬、愛媛県今治市の野間馬、長崎県対馬市の対州馬、宮崎県の御崎馬、鹿児島県のトカラ馬、沖縄県宮古島の宮古馬と与那国島の与那国馬がそれです。

これらの馬の特徴は、西洋種の馬に比べ身体が大きくないこと、主に農耕や運搬に使われてきたことから、持久力があり忍耐強いということ、そして人の住む家屋の一部で飼われてきたことによる人への親和性を挙げることができます。

それぞれついて保存会があり、種の保存のためにどのように活用するかについて様々な試みがなされています。馬はもともと人間がパートナーとしていろいろなことに使ってきた動物ですから、ただ保存のために飼われているだけではなく、仕事を与えることが大切です。既に、北海道和種、木曽馬、野間馬、与那国馬は、この領域への積極的な活用が試みられています。

つまり、多様な観点から馬の活用を図り、その意義を認識した企業等を含め社会がそれに主体的に取り組んでいこうという考えです。欧米のほとんどの治療的乗馬実施施設の入り口には、その施設をサポートしている企業や団体の一覧を知らせる看板があります。また、ホームページなどではバナーなどを使ってそれを一般の人に広く知らせるようにしています。

日本でも一人でも多くの人が「馬とふれあう」という直接の体験を通じて社会的な意義に気づき、資金を出し共に取り組んでくれる企業や団体、個人が現れることを願っています。そして、日本独自のスタイルが形成されていくこと、それがわたしの願いです。

【滝坂信一氏の記者評伝】

滝坂信一氏は1950年生まれ。78年に東京学芸大学修士課程を修了。滝坂氏が治療的乗馬の領域に取り組み出したのは1991年から。

滝坂氏は当時、国立特殊教育総合研究所という国の研究機関で障がいのある子どもたちの教育について研究者をしていた。

滝坂氏はそれ以前から、個人の趣味として乗馬を行っていた。

滝坂氏の乗馬の先生は、米国で調教の勉強をした人。その人から、欧米で障がいのある子どもたちへの教育や医療に馬を使っている話を聞いていた。だが最初は「自分の研究とその話は結び付いていなかった」という。

89年、ドイツの人たちと障がいの重い子どもや、自閉症の子どもたちの教育をどう行うかの共同研究がスタートした。この研究は現在も続いているが、転機は91年のドイツ訪問。

その際、ドイツのメンバーの1人が理学療法士で馬を使った試みを行っていたことを偶然知った。実際にやっているところを見せてほしいと頼み、見学したところ、重度の障がいのある子どもや自閉症の子どもの教育に馬を使うことで、人間が直接教育するよりもできることがたくさんあることが分かった。

日本に戻って、さっそく自分の乗馬の先生に、現地で撮った写真を何枚か見せて、日本でできることをやりたいと話した。するとその先生からは「こんなことは今すぐにはできない。馬をきちんと調教する必要がある。1年待ってほしい」と言われた。その先生は1年間の間に馬を調教してくれた。

その1年の間、米国から購入されたおとなしいポニーを使って練習をしないかと提案された。滝坂氏は自分の子どもを練習に使うことにした。1年間、練習に励んだ。当時、下の子は5歳、上の子は8歳だった。

1年たって調教が完了、その馬を使えるようになった。まず自分の子どもで試し、見通しがついた。当時、研究所に来られていた障がいのある子どもの保護者に、協力を依頼、実践的な活動をスタートした。研究所の隣は障がいのある子どもたちの学校だったので、学校の子どもたちにも参加してもらった。

国内では当時、様々なグループがこの領域に取り組みつつあった。日本では1980年代の半ば、英国での当事者経験からこの領域を日本に紹介してスタートしたグループがあった。そのグループをはじめ一緒にやろうというコンタクトがあった。こうして個人やいろいろなグループとのネットワークがつくられていった。

東京農業大学がこの領域を扱う学科を新設するので協力してくれないかとの話があり、２００６年に研究所を退職し東京農大に移った。

５年後、同様なことに取り組みつつあり質的な充実をめざしていた帝京科学大学に移った。４年間そこで教育研究を行い、２０１５年3月に退職した。現在はＮＰＯで国内におけるこの領域の充実に資するための活動を行っている。

農大に移る前年の２００５年、この領域に関する国際的なスタンダードを一度、きちんと知っておく機会が必要があると考え、この領域を世界的に確立していたドイツから第一人者の人を招いて1週間のセミナーを開いた。

これが現在も毎年1回開催されている「治療的乗馬研究集会」の第1回目だった。

滝坂氏は「やはり質の高いことを行うことが社会的な普及と定着に最も重要なことだと思います。この研究集会では、様々な実践や研究の発表をシェアし、それぞれの活動の質的向上とこの領域の健全な発展に資する集会であることを強く打ち出し、続けています。それがあるから全国から多くの方々が参加して活発な議論と交流が行われているのだと思います」と話している。

「治療的乗馬の馬は乗っている人のことまで気遣うのです」

稲波脊椎・関節病院理事長　稲波弘彦

先駆け　カール・クルーヴァー氏のこと

稲波弘彦氏

わたしの父は馬術で第11回のベルリンオリンピックにも出場経験があり、わたしも子どものときに馬に乗ったので、馬とは慣れ親しんできました。大学では馬術部に入り、東京大学の障碍で優勝したり、関東学生の総合馬術で3位に入ったりしましたが、その後は馬に乗ることはありませんでした。

どなたからだったか正確に思い出せないのですが、「日本治療的乗馬協会」という団体を作るので手伝って欲しいと言われ、この分野に関わるようになりました。

「治療的乗馬」というのはしっくりこない言葉ですが、世界的には、「ホースセラピー」という言葉はあまり使われていません。治療的乗馬協会の理事長は滝坂信一先生という方です。滝坂先生は権威やお金に対して無欲で、純粋に馬を使って人を治したいと考えておられる方です。もともと国立教育機構で主任研究員をやられ、いくつかの大学でも教授も務められました。この団体はそういう方が多く、お手伝いをすることになったわたしの役目は、主に産業界から寄付を募ることです。

この分野に携わったことがある、ある理学療法士の人は、「悔しいのは、われわれが一生懸命やってやっと効果が出ることを、馬に1回乗せるだけでできてしまうことです」と話していました。馬の効果とはそれほどすごいのかと思いました。

たとえば　脳性マヒの子は普通に立っているだけでも大変です。自分の足で体を支え、バランスをとるのが難しい。ところがこの子が馬にまたがると、それだけで足はリラックスできます。そのうえ馬の体温に温められ、適度な揺れが体にいい影響を与え、視点が上に上がることによる効果等々、これらが合わさって、とてもいい効果を与えるのです。

滝坂先生が信奉しているドイツの精神科医で、故人ですがカール・クルーヴァーという人がいます。その人は世界大戦のとき、戦地から敗走する際、体中傷付いて歩けなくなった兵士を馬にくくりつけて連れて帰ったそうです。するとそれまで歩けなかった人が、何とか歩け、見事生還できたと言うのです。

彼は精神科医でしたが、それ以来、馬を治療に使うことを思いたち、それを実際に試したら、思わぬ素晴らしい効果が上がったそうです。一種の天才のひらめきなのでしょう。

欧州各地の戦線では、馬は兵器として使われました。それを今度は平和的に利用する——。実に素晴らしい価値の転換であったと思います。同じ頃から欧米の各国で同じ試みが始まっています。

クルーヴァーさんが８０いくつというご高齢のとき、日本にお招きして講習会を行ったことがありました。その際、何頭かの馬を用意したのですが、クルーヴァーさんの眼鏡にかなった馬は一頭しかいませんでした。高橋さんという方が持っておられたシャイアンという大きな老馬です。非常におとなしい馬でした。

ところで競走馬に使われるサラブレッドは、近親交配で人工的に作られた馬で、最初は3頭の馬から交配されたのです。それで皮膚が薄くなり、非常に悍《かん》が強くなった。少し触っただけでビクッと反応するので、拍車が当たると突っ走ってしまうわけです。

治療的乗馬に使う馬は、それとは反対に、おっとりしていて、何を言われても「よしよし」と聞き流してくれるような性格であることが相応しいのです。シャイアンは正にそんな馬でした。

馬の寿命はだいたい20年ぐらいですが、シャイアンは当時すでに20歳ぐらいでしたので、その後、数年で死んでしまいましたが、本当にいい馬でした。

クルーヴァーさんはその馬を使って、治療的乗馬の実践を行い、日本の関係者にいろいろなことを教えてくれました。

経済的に恵まれない人の乗馬に支援の手を

発達に遅れがあったり、体に不自由があるお子さんを抱えている方々は、経済的にも恵まれていないことが多いのです。もちろん恵まれている方もいらっしゃいますが、少なくて、たいていの方はいろいろ苦労されています。

そういう方が日本で子どもを馬に乗せるということは、経済的に結構たいへんなことなのです。

それを少しでも、企業などからの寄付で賄えるようにして、子どもたちを馬に乗せてあげられるようにしていきたい、と思って、この取り組みを続けています。

馬と人との何とも言えない「距離感」

アニマルセラピーには、犬や猫など、いろいろな動物が使われますが、馬とその他の動物との違いは何か。

その大きさ、乗ることができる、できない等の基本的な違いはもちろんありますが、わたしが馬と他の動物との一番、特徴的な違いだと感じているのは、人との「距離感」なのです。

犬はペロペロなめて近づき過ぎます。猫は抱きしめようとすると前足でブロックします。馬はどちらでもない。いつも人と少しだけ離れたところにいます。でも、優しく見守っているような感じでいます。その距離感が素晴らしいのです。この距離感がほかの動物と決定的に違うところで、馬ほどアニマルセラピーに適している動物はないと思います。

少し離れたところにいて、いつも気を遣ってくれているような、ちょうどいい距離にいてくれる存在。近づき過ぎて煩わしいこともなく、離れすぎているということもない。この距離感が素晴らしいのです。しかもそれに乗ることができ、触れれば温かい。

体が不自由な方が馬に乗るとき、時に落ちそうでヒヤヒヤすることがあります。そのとき馬は、後ろを振り返っては「大丈夫ですか？」とでも言うような仕草をします。馬からは本当に、何か不思議な感じを受けます。わたしは進化論を否定するわけではありませんが、馬は神様が与えてくれた人の伴侶のような、不思議な存在であると感じます。

「治療的乗馬」にはいろいろな面があって、とても奥が深いのです。

馬に乗ることは当然ですが、それは多くのことの1つです。

たとえば、発達の遅れがある子どもにも、われわれがボロと言っている馬糞を、片付けてもらうことなどもしています。

不思議なことに、子どもはボロの片付けをするとき、とてもうれしそうな表情を見せます。大人だったら嫌がることを、なぜ子どもは楽しそうに行うのか。子どもたちは馬の世話も大好きで、体をワラでこすったり、ブラシをかけるのも喜んで行います。

一方で、パラリンピックに出場することを目指して、競技としての馬術に磨きをかけることも行われます。

このように、治療的乗馬で行われることは多岐にわたり、行われていることの範囲は非常に広いのです。

乗馬の効果を示すエビデンスは？

残念ながら日本では治療的乗馬の分野で、その効果がはっきりエビデンス（科学的根拠に基づいてその効果を実証するもの）として示されたものはありません。

それはしかし今、日本では、この分野ではちゃんとした研究ができるような体制が整っていない、というだけのことです。

エビデンスというのは、それぞれ同じような症例を持つ人を、たとえば６０人集めて、３０人ずつ２組に分け、１つの組は馬に乗せるグループ、もう１つの組は従来の理学療法を施すグループとして、それぞれ何もしないグループを作って、どちらの療法の効果が高いかを比較して調べなければいけません。そこまでして調べようという体制が日本にはまだないということです。

でも、一つ一つの事例を見ていくと、素晴らしい効果を生んでいることが、たくさんの例からわかります。

医療分野での効果に関しては、わたしの先輩で今、東京農業大学で教授をやられている柳迫康夫先生が詳しいと思います。柳迫先生は整形外科医で、東京都の心身障害児総合医療療育センターの園長を務められていた先生です。

人の先を行く馬の精神由来疾患の研究

馬を対象にした精神的な面からの治療は、獣医さんの仕事です。実はこの面での取り組みは、昔から非常に盛んに行われていて、たいへん発達している分野です。人間に対する取り組みよりもむしろ進んでいると言っていいかも知れません。

たとえば人の場合、うつのような精神的な疾患を抱えている人から「腰がものすごく痛いので診て欲しい」と言われ、検査してみると、どうやら痛みは精神的な面から来ていると思われる例が時々あります。

そういうことはたぶん、昔から気が付いていたかも知れませんが、人の医療でそのことをはっきりと把握して対応を始めたのは、2000年代に入ってからだと思います。

ところが獣医さんの方では、この手のことは1970年代から実践されていたのです。

たとえば、馬が自分の脇腹を血が出るまで噛むことがあります。かゆくなる原因がほかにない場合、何かのストレスが原因だと疑われます。また、馬が出産後、マタニティブルーの症状になってイライラして、子馬を蹴り殺してしまうこともあります。

こうした研究は随分前から、獣医さんの間では行われており、たとえばマタニティブルーの場合は授乳ホルモンを与えると良くなる、といったように、その症状への治療方法も確立しています。

人の場合、そういう研究が進んでいなかったのは、たぶん、自分の精神は自分でコントロールできると多くの人が思っているからだと思われます。

たとえば、わたしが腰痛の患者さんに「○○さん、あなたには特に腰が痛くなる疾患はありません。痛みは精神的な面から来ています」と言っても、ほとんどの人は「そんなことはない。ちゃんと診て欲しい」と言ってなかなか納得しません。

あるいは、人は隠したり騙したりするのがうまいから、なかなか原因が特定できなかったのかも知れません。それに比べて動物は純粋で嘘をつかないから、獣医さんのほうが早く、その原因に気が付いたのかもしれません。

馬を見ているだけでも違う

ポニーよりも小さい、ミニチュア・ホースという馬があって、それをビルのベランダで飼っている会社が都内にあります。とても小さい馬なので人は乗れないから、社員はそれをただ眺めているだけです。ところが社員は、それだけで本当に気が休まるのだそうです。

ただ、その効果が実際にどういうものなのか、というエビデンスに関しては、未だ確立されていないのです。

馬が人にとってどんないい効果をもたらすのか。それを本格的に研究しようとしても、なかなか簡単にはいきません。

その効果を検証するためには、かなりの時間と労力が必要です。普通の医師は、そんな面倒なことをするより、今この手術をしたことで5年生存率が何パーセント上がるか、といったことを検証することのほうが確実だと考えます。だからまず、そういう論文を書こうとする医師がいません。

たとえば馬を見たり、馬に乗ることで、発達に遅れがあった子どもが初めて言葉を話した、という事実があっても、その事実がどれぐらいの頻度で起きているのかがわかりません。そういう例をたくさん集めるためには莫大な資金が必要ですし、そういうことを理解してくれる人が医療関係者の中で増えることが必要です。

これらのことが日本ではできていないので、子どもに乗馬をさせようかどうかと入り口のところで悩んでいる家族が多いのだと思います。

治療の判断に家族の視点

現代医療では、治療が必要かどうかを判断するために、いろいろな判断基準が設けられています。

たとえば、わたしの専門の腰痛の分野では、日本整形外科学会腰痛疾患治療成績判定基準というものがあって、椎間板ヘルニアの診断や治療効果の判定は、まず寝ている患者さんの下肢を手で持って膝を伸ばして上がらなくなるかどうか、しびれがどうか、足の筋肉の力がどのくらいか、といった、どちらかというと客観的に判断しやすい評価が一般的に重視されてきました。

ところがここ20~30年のうちにその評価のし方が変わってきました。どう変わったかと言うと、それは患者立脚型になった、ということです。たとえば、買い物にどのぐらい遠くまで行くことができるか、とか、朝は普通に起きることができるかとか、友人と旅行に行く人は普通に行くことができるかなど、正にそれぞれの患者さんの日常生活動作が、その判断の中心に持って来られるようになりました。

加えて患者さんの精神面のことも判断の中に入れていこうという流れになっています。

これがさらに進むと、恐らく、本人だけではなく、家族がどう感じているか、といった視点も判断材料として重視されてくることになると思います。

治療的乗馬協会の2016年の研究集会では、「家族の視点」ということを提案させてもらいました。

発達が遅れていたり身体に不自由を持っている子どもは、特殊学級に通ったり、嫌な訓練をさせられたりして、普段から辛い思いで過ごしていたり、また一日中家にいることでつまらない思いで過ごしていたりします。それを週に1回、2週間に1回でも、馬場に来てもらい、そこから解放してもらえればと思います。

馬に乗りに来る子どもは本当に嬉々として喜びます。

その日はお母さんやお父さんも一緒だから、その日は一家総出で最高の一日になります。

普段とは違った、嬉々として喜ぶ子どもの姿を見ることで、本人だけではなく、家族を巻き込んだ効果が期待されるのです。

馬と触れあうことがどんなにいいことかを語るご家族の例もいくつかこの研究会では発表されました。

疾病やハンディを背負った子どもは、本人がたいへんなだけではなく、その家族にも負担がのしかかっています。そういう家族の人たちにも喜んでもらえるのが治療的乗馬なのです。

普段、都会暮らしで周辺に緑が少ないので、緑に囲まれたところで馬の世話をしたりすることは家族にとっても本当に良い効果があるようです。日常と違う環境に家族一緒にさらされることがいい効果を生んでいる気がします。

遠方の馬場に行く機会はそんなに多くは作れないでしょう。本当はもっと馬場に行くことができればそれに越したことはありません。

日本で治療的乗馬を行う難しさ、困難の一つに、馬を飼う環境を都心に持てないことがあります。しかし、そのことが逆に、家族そろって郊外に出かけ、素晴らしい時間を一緒に過ごすという非日常的な時間になるという見方もできるかも知れません。

いずれにしても治療的乗馬の施設は現段階では足りている状況ではありません。

東京・渋谷区の区長さんは治療的乗馬にも理解があって、東京乗馬クラブの横の土地にポニーリンク、丸い馬場を作られていますが、23区内ではこのほかに馬場が作られた例はないと思います。

2020年東京オリンピックまでに治療的乗馬の環境整備を

2020年には東京でオリンピックとパラリンピックが開かれます。パラリンピックの競技はオリンピック競技とは違う日に行われます。競技種目ももちろん違います。

しかし乗馬に関しては、国際馬術連盟では、「馬場馬術」や「障碍馬術」に加えて

「障がい者乗馬」という種目が、独立した一種目としてあります。

1964年に東京でオリンピックが開かれたとき、日本は高度成長のまっただ中で、国威発揚として新幹線をつくり、首都高速道路を作ったり、といったことをしました。

今度の2020年の東京オリンピックでは、いかに人に対して優しいか、といったことを国際社会にアピールしていくことになるのでしょう。いわゆる「ハンディ」は、背が高いとか、低いとか、怒りっぽいといった、人の特性の一つであると皆が普通に感じるようになっていくことです。

残念ながら日本は遅れていて、やはり米国や欧州の方が進んでいます。大会で障がい者乗馬の種目で勝つことはもちろん、大事なことですが、日本でも治療的乗馬のような取り組みが盛んに行われているという事実、そういうことの積み重ねが非常に重要なのだと思います。

日本オリンピック委員会（JOC）会長の竹田恆和氏は馬術部出身ですから、この分野には非常に理解がありますし、また、日本馬術連盟でもこの分野に理解を示し取り組もうとしています。中央競馬会（JRA）も関心を示していますし、文部科学省でも力を入れようとしていますから、いま正に、治療的乗馬に対する関心が高まる環境が整ってきました。

実際に利用する人が増えれば、数の効果で値段は下がり、さらに利用者は増えます。そうなれば施設も増える可能性があるし、そのうち、こういう施設が地域になければ恥ずかしい、ということにもなります。

ひょっとしたら、今あるいろいろな療法の中で最も優れているのが治療的乗馬かもしれません。「治療的乗馬」がもっと広まっていくことを心から願っています。

ホースセラピーの実践（於 東京農業大学農学部厚木キャンパス内）。乗馬をする前に研究室学生と一緒に馬のブラッシングを行う

研究室の新入室学生に鞍のつけ方の指導を行う川嶋舟氏

第6章

普及・教育、そして「サステナブルに」

東京農業大学准教授　川嶋　舟

1998年（平成10年）麻布大学獣医学部獣医学科卒業獣医師。04年東京大学大学院農学生命科学研究科獣医学専攻博士課程修了　博士（獣医学）。05年東京農業大学農学部講師、06年東京農業大学農学部バイオセラピー学科動物介在療法学研究室講師、14年同准教授

福祉と農業、第一次産業との連携

ホースセラピーは、医療、教育、福祉、レクリエーションなど多くの領域が複合的に関わっています。医療としては、医学的な効果を求め、リハビリテーションの一つの選択肢として利用され、過去にドイツで健康保険が適用されていた時期がありました。教育としては、社会性を学ぶことや不登校児童生徒が学校に戻るきっかけをつくることなどが行われています。福祉においては、ホースセラピーだけではなく、広く農業全般とあわせて考える農福連携という範疇で、さまざまなスキームが動き始めています。レクリエーションとしては、乗馬クラブで乗馬できる場所が増えてきており、楽しみながら生活を充実させられるようになってきています。

「ホースセラピー」には、乗馬療法、乗馬セラピー、障がい者乗馬、治療的乗馬などが含まれ、どの領域からアプローチするかによって、プログラムや評価の方法は大きく異なります。日本では様々な形でプログラムが実施されていますが、本書では様々な表現が現在あるという前提のもとで「ホースセラピー」という表現を用います。

日本で広く普及しているとは言えないホースセラピーですが、福祉の領域からのアプローチによって発展と普及につながる可能性があると考えています。福祉の概念には、社会的弱者や生きることに様々な困難をもつ方が、社会と関わり、その人が享受できる人間らしい生活を送れるようにするための制度や支援を行うことも含まれると考えています。すなわち、障がい者や社会的弱者の生活を考えることに積極的に取り組むことが必要となります。その点において、ホースセラピーを普及させるためには、プログラムで関わる時間だけでなく、彼らの生活とどのように関わり続けられたかについて考えることが大切になります。

それは、今日の生活のことだけでなく将来まで考えることであり、障がい者や社会的弱者のご家族が亡くなった時、その後どのように生きていくのか、などの問題まで考えていかなくてはなりません。

年金など社会保障に加えて、可能な範囲内で自分の力で稼げるようになることは、社会で自分の役割を持ち自信を持って生きていくことにつながります。本人のできることを見つけ、活躍できる場所が必要です。

現代の効率を是とする社会の中で生きにくさを感じる人たちは、社会システムから脱落せざるを得ません。しかし、彼らを見放さず誰もが生きやすい社会にする努力を続ける必要があり、ホースセラピーが普及することによってその一つのきっかけを作ることが出来るでしょう。たとえば、仕事や職場で会社の人間や組織と不適合を起こし会社に行くことができなくなった会社員は、様々な対応や治療によって、もとの職場に戻れることが望ましいですが、すべての方が復帰できるとは限りません。そのような場合には、現在の職場とは異なる生き方を考えなければなりません。

そのような時に、日々の生活の中に根付いている農業が大きな役割を果たせるものと考えています。農業だけではなく、第一次産業（農業・畜産業・漁業・林業）全般にわたり大きな可能性があります。息苦しさを感じる最先端の産業とは異なる人間らしい側面を有しているからです。

わたしが、第一次産業に注目するのには理由があります。第一次産業での仕事は、日々繰り返し行う作業が多くあります。一方、農繁期などの一時期を除き比較的自分のペースで行なえる作業も少なくありません。他人との協調性が欠け流れ作業が難しい場合でも、コミュニケーションが苦手で他人と常に密に関わり行なう仕事とは異なる要素が多く存在します。つまり、肉体的な負担が大きいものの、安定した気持ちの中で仕事に向き合うことのできることが一つの理由です。さらに「食」にかかわる仕事であり、将来にわたりなくなる心配のない職種であることもわたしがこの領域を取り上げる理由です。農業を行うと一般的に食費が減ることから可処分所得を増やせるだけでなく、食糧難になっても生きられるでしょう。

現在、わたしは農業系の大学で教員をしていることから、なおさらこの分野において、分かりやすい農業と福祉の連携（農福連携）を行っていくことにより、後継者不足などの様々な問題を解決でき、第一次産業の持続的な維持と活性化において興味深い展開ができるものと期待しています。

大学での教育とホースセラピー

東京農業大学農学部にわたしの所属するバイオセラピー学科があります。この学科は、生産科学に特化した農学科、畜産学科の他に「人」のことを扱うことを目指し約10年前に作られました。この農学が人に寄り添う考え方は、徐々にひろがり、農学系や獣医学系の分野の一つとして、人間や生活の要素までを総合的に促えようとする流れが出てきているように感じています。わたしがいる動物介在療法学研究室からは、ホースセラピーを学びインストラクターとして将来を目指す学生、福祉領域の可能性を感じ福祉職に就職する学生、医療領域から関わることに興味を持ち理学療法士や作業療法士などの医療系の資格を取るために進学する学生などが出てきています。

ホースセラピーの歴史は古く、その効果は古代ギリシャから知られていますが、近代以降、広く知られるようになったのは、1952年のヘルシンキ・オリンピック馬術競技で障がいを持つ選手がメダルを獲得したことです。以降、アメリカやドイツ、イギリスなどで普及発展しました。日本ではホースセラピーが紹介されてから約40年近く経ちますが、普及しているとはいえません。

日本では、昔は馬との生活が身近であったものの、経済の発展と共に馬文化が身近でなくなってしまったことに原因の1つがあります。日本では、「馬」で競走馬しかイメージできないほど馬が身近でなくなりました。乗馬が裕福な人のスポーツというイメージの中で社会的弱者に対するホースセラピーを広めていく難しさがあります。

日本で普及を進めるには、馬に対する知識や経験を積み重ねられる場所を増やすことだけでなくホースセラピーについてアジアに受け入れられるバックグラウンドを整える必要があると考えています。

日本でホースセラピーをどのように普及させるか

普及しない他の理由の一つとして、プログラムを実施することにのみ重きがおかれ、その後のことについて考えられていないことにもあるとわたしは考えています。ホースセラピーを受けた方が、引き続き社会で働く場所や社会と関わりを続けられる場所が少ないにもかかわらず、社会での居場所を作ることについてはほとんど行われてきませんでした。たとえば、働くことについては、障がいの程度に応じ負担のない時間と内容の範囲で継続して働ける場所が必要です。社会と関われる場があり社会につながることを具体的にイメージできるようにすることが、ホースセラピーへの理解につながると思います。

障がい者や高齢者が対象であることから、高齢化社会になるとホースセラピーはさらに必要とされるようになるでしょう。

ホースセラピーを行うためには、施設やスタッフ、馬の確保などが必要となります。そして、忘れてはならないこととして適正な運営モデルをつくることがあります。適正な経済的対価を得られるようにすることで初めてこの領域が継続的に発展します。

少し前までの課題であった施設の不足については、公園の指定管理を受けるなど様々な形で徐々に整ってきています。一方、スタッフについてはまだまだ不足しているのが現状です。その主たる原因には、適正な賃金を得られる仕組みとなっていない組織が多いことがあげられます。一般に多くの場合、ホースセラピーだけでは十分な収益を得ることは難しく、資金的な制約から人件費にあてられる資金には限りがあります。そのため、一定水準のプログラムを行うために必要なインストラクターを雇うことが難しく、次世代の育成も行えません。後述しますが、適正な収入を得るためには様々な関連領域について複合的に取り組み経営を行わなければなりません。

ホースセラピーを行う際に大切なことは、継続して事業を続けることです。経営が成り立たなくなり施設を閉鎖することはそこを利用している方の居場所をなくすことになるので避けなければなりません。そのためにも事業を継続させる収益をもたらす仕組みを構築することが求められています。

福祉の分野において、適切な収益を得られるようにすることは重要なことで、経営的に安定しなければホースセラピーのような先進的な取り組みは普及しません。

福祉と教育、福祉と医療、様々な分野との連携

ホースセラピーを持続的な取り組みにしていくには、医療機関や医師との連携の他、福祉と教育の連携も積極的に行う必要があります。しかし、これら異なる分野が連携するための仕組みと連携させられる人材があまりいませんでした。

行政機関では、馬の生産に関わる農林水産省、医療的なアプローチに関わる厚生労働省、不登校児童生徒の指導などに関わる文部科学省、公園を利用する際に関わる国土交通省など多くの分野にわたります。関係する省庁が、ホースセラピーに対して理解と評価をし、その必要性について共有していただくことも必要です。これら様々な分野の連携が行われなかったことも、これまで日本で普及が進まなかった理由の一つとして挙げられるでしょう。

社会で生きることに困難を抱えている方が、ホースセラピーをきっかけとし社会で関われるようになることは、社会保障費の軽減につながります。たとえば、高齢者の方がホースセラピーで適度に体を動かすことは、転倒予防につながり寝たきりになりにくくすることで、社会保障費を減らせる可能性があります。

社会と関わり続けるかたち〜就労支援〜

わたしは、ホースセラピーをきっかけとして、多くの人が社会との接点を持てるようにし、その後に活躍できる場所をつくることまで含めた取り組みを進めています。つまり、農業あるいは第一次産業の中で、障がい者や高齢者など社会で生きにくさを感じる人が、それぞれの得意なことをして働くことができることで、社会と関わる場所が増え誰もが生きやすい社会をつくることができると考えています。

ある発達障がいの方は、就労支援の枠組みで漁業に取り組んでいます。障がいを持つ方の中には、手先が器用で仕掛けづくりなど根気のいる手作業を得意とする人がいます。その方は、良い仕掛けを作りますが1日に数個しか作れません。商品として売り出すためには、性能が良くても生産量が足りません。一定数まとめて納品できるように、一定量になるまで時間をかけて出荷できる仕組みを作らなければなりません。個々の得意分野を見つけその人に応じた配慮を行い社会との接点をつくることが、社会に出ていくためには必要です。課題は各々で異なり、時間がかかりますがその人に応じた社会と関わるモデルをつくることが大切なのです。

そのためには、何の作業に向いているかを判断できる人、製品の販売先や作業場所などの就労支援についての仕組みをデザインできる人、さらに就労支援に関わる行政の仕組み等について精通し事務処理が出来る人など様々なスキルを持った人材が必要で連携をとる必要がありますが、このような取り組みはまだ十分ではありません。

一方、ホースセラピーの取り組みは、リハビリテーションができるだけでなく、本人の得意分野を見つけやすいことから、その人に適した形で就労の機会を提供し社会との関わるきっかけをつくることができます。その結果、ホースセラピーが社会復帰や社会参画において効果的なプログラムであると評価されるようになるでしょう。

ホースセラピーの実際例

ホースセラピーで、発達や身体の障がいが必ず改善することはありません。ただ、障がいを持つ方が馬に関わる機会に恵まれたことで、症状が改善するケースは少なくありません。様々な症状に対するホースセラピーの効果についての研究報告も多くあります。

４０歳半ばに脳出血で倒れ中途障がいとなった方は、馬に乗ることで大きな変化がありました。海外で倒れ充分な治療を受けないまま帰国され、わたしがお目にかかった時は寝たきりで、ロボットスーツなど多くのリハビリに取り組まれていました。その中で、縁がありホースセラピーに取りくみました。

最初は、自分の力で起き上がることも難しかったのですが、ホースセラピーのプログラムを行う中、介助があれば立ち上がれるようになりました。姿勢維持のために必要な体幹の筋肉がついたことで、座位を取りやすくなり気管カニューレを外す事ができました。まだ、お一人では馬に乗れませんが、将来乗馬できるようになることを楽しみにされています。

障がいを持たれる方を馬に乗せる際は、様々なことを考えなければなりません。たとえば、身体障がいの方の場合には、障がいが先天的なのか後天的なのかを考えます。歩いた経験のある人が、病気やけがをしたことで歩けなくなった場合には、歩き方を知っているため、乗馬することで体が刺激され身体バランスの保ち方や動かし方を思い出しやすいです。一方、先天的な障がいで今まで立つことや歩くことの経験がない人にとっては、体の使い方から学ぶ必要があります。時間をかけて、鞍に跨り座ることから始め、騎座を取り歩くために必要な体の使い方を身に着けなければなりません。

乗馬が良いと考えられているのは、歩く時に必要なバランスのとり方や筋肉の使い方を無理なく体感することができ、理解してもらいやすいことにあります。歩いている時の感覚を馬に乗りながら体験してもらうことで、自分で歩くイメージを作りやすくリハビリテーションに向いています。

楽しみながら乗馬をする

ホースセラピーの良いところとして、乗馬という楽しみの中でリハビリテーションや訓練を行えることがあげられます。

通常、リハビリテーションは同じ動作の繰り返しがあり、体力的にも精神的にもつらいものです。しかし、乗馬をしながら楽しんで馬とのプログラムを行うリハビリテーションは、気持ちを穏やかにし今までより積極的に取り組むきっかけをつくることになります。精神的に充実しながら、身体的なリハビリテーションを行うことができるのです。

加えて、ホースセラピーは社会性を育みやすいプログラムです。発達や知的に障がいのある方は、他人とのコミュニケーションが難しいことがあります。集団の中で他人との適切な距離感が取れず、苦労する方も少なくありません。

ホースセラピーのプログラムの中では、他人との関わり方について、馬とのふれあいの中で自然に身に付けることができます。馬を中心とするプログラムに参加しながら、会話をすること、順番を決めること、人に譲ることなどの経験から、他者への対応の仕方や距離感を学び自分以外の人のことを考えながら行動できるようになります。

馬の世話やインストラクターにお願いをしないと馬に乗れないこと、正しく指示しないと馬が動かないことなどの経験をすることで、社会に出た時に必要となる他の人とのコミュニケーション方法を学べ、あわせて、挨拶などの生活スキルも修得でき社会に出た時に困らなくなります。これらのことから、引きこもりやうつなどを対象とするプログラムにも使える可能性もあることがわかります。

ホースセラピーのプログラムは、集団で行えることにも特徴があります。グループで行うと、年上の人は年下の人の面倒を、よりうまくできる人は自分よりできない人の面倒を見るようになります。最初は馬には興味のない人でも、楽しそうに乗馬している人を見ると自然に馬に興味を持ち、他の人の楽しそうな様子に刺激を受け、自分も始めたくなる効果もあります。乗馬だけではない馬を中心とした関わりプログラムは、社会のいろいろな約束事を知り、自分の気持ちの伝え方や相手との距離の取り方などの生活スキルを学ぶとともに、上手に馬に乗るための技術を身につけられます。

発達障がいの中で特に多動の方は、乗馬後は落ち着いて行動が出来るようになります。馬に乗った時の揺れが心地よく、彼らが欲する感覚を満たすためであると考えられています。もともとわたし達が小さな頃は、動き回るのが好きで1時間くらい走り回ると落ち着いて勉強ができるようになることはよくあります。多動の場合、それが少しだけ多めであると考えることもできます。その少し多いところを乗馬で満足させることで落ち着きやすくなります。乗馬は、感覚を満足させるだけではなく、想像以上に体力も使います。体力を使い感覚も満たされるので、落ち着いて行動ができるようになるのです。

これらの様々な効果を参加者にあわせ組み合わせることによって、その人に合うホースセラピーのプログラムを作成していきます。また、プログラムは徐々にできることが増えるように新しいことを付け加え発展させていきます。

専門家養成の必要性

このように関わる領域が多岐にわたるのがホースセラピーです。これらのプログラムを作り実践するためには、人の身体、心理、教育、馬の特性など、それぞれについて充分な知識を持っていなければなりません。日本では、統一されたホースセラピーのインストラクターとしての資格はありません。幾つかの組織が独自の資格制度を有しており、それぞれに資格に優れた点があるために早急に統一することは難しいと考えています。将来統一された資格になることが理想ですが、各地域で必要とされる形でホースセラピーが行われていることから考えると、当面はヘルメットの着用や障がいや病気に対する知識など、利用者の安全を担保するために必要最低限の基準を提示することからはじめてもいいのではないかと考えています。

ホースセラピーは人を対象としているので、理学療法士や作業療法士、看護師、保育士、臨床心理士などの資格を持っている人が関わることも大切です。さらに医療領域で期待されるプログラムもあることから、医師がホースセラピーについての知識を持ち理解していただけることも大切です。ホースセラピーに関わる馬は十分に調教できている事が前提にあり馬の調教等についてはインストラクターが行うので、馬の特性について理解していることだけでも充分です。

ホースセラピーは、複数の専門職種の方が連携し行われるプログラムです。医師の理解あるいは指示のもとプログラムを作成し、理学療法士や作業療法士などの評価を受けながら、インストラクターが実施することが一つの理想です。心理的な側面や社会的な側面を期待とする際には、それぞれ、臨床心理士や教員などの有資格者が関わりながらプログラムを実施することが望まれます。専門職の方が関わり行われることによって、ホースセラピーに対する理解も広がると考えています。

また、このような複数領域にわたるプログラムについて十分な知識を有し他職種の方と連携をとりながら、馬の調教とプログラムを実施できるインストラクターは、日本では少なくホースセラピーが普及しない理由でもあります。大学や施設などでの教育や研修を積むことによって、本領域で活躍できる専門家を育成しなければなりません。あわせて、医師や理学療法士、作業療法士などにもホースセラピーについて知ってもらう機会を増やす必要があります。

震災を機に本格的に福祉との連携に取り組む

わたしのホースセラピーとの出会いは、１９９０年代前半にオーストリア、ウィーン郊外にある父の知人のホースセラピーの施設を訪ねた時です。そこでの経験をきっかけとし、国内の様々な施設を見学し、取り組みにも加わる機会を持ちました。その後、東京農業大学農学部動物介在療法学研究室の教員となり、動物介在療法のプログラムの実践と評価方法を確立するための研究を始めました。

わたしがホースセラピーの実践や評価方法の研究だけでなく、社会と関わりつづけられるようにする就労支援までの取り組みを始めたのは、２０１１年の東日本大震災がきっかけでした。福島県新地町のＪＲ常磐線新地駅で地震がおこり、避難後、先ほどまでいた場所に津波が来るのを直接目撃しました。その後、様々な知人友人の協力をいただき支援活動をおこないました。その中で、人が生きるためには社会的な役割を持ち、他の人から必要とされなければならないことを痛感させられました。震災から1ヵ月ほど経つと、避難所の男性の中に一日中することがなく気力を失い会話も出来なくなってしまう人がいることに気がつきました。その原因を考えた時、社会の中に自分の場所を持つことが、人間としても精神的にも必要であることに気がつき、誰もが社会と関わり続けることの必要性に気がつきました。それまでのホースセラピーもこの視点に欠けていたので、わたしは、実践研究するだけでなく、社会参画や就労支援にも取り組むことに重きを置きはじめました。

障がい者の自立支援のために

障がい者の方が社会の中でその人に合った形で自立を目指すことには、様々な組織や団体が取り組まれています。

ヤマト福祉財団とヤマトホールディングス株式会社が取り組んでいるスワンベーカリーはよく知られています。障がいのあるなしに関わらず共に働き共に生きる社会をめざし、障がい者の方が働き給料を得ることが出来ることを目指した、焼き立てのパンを販売しているお店です。

栃木県足利市のこころみ学園と深い関係にあるココ・ファーム・ワイナリーは、1950年代に足利の特殊学級の担任教師によって山の開墾をはじめたのが始まりです。こころみ学園の利用者さんが作ったブドウを使って、ココ・ファーム・ワイナリーがワインを醸造しており、六次産業化も昔から行っていました。日本で開かれた過去3回のサミット（主要先進国首脳会議）では、ここのワインが選ばれています。

障がいを持つ人は、その人の向く作業であれば集中して作業を行うことができます。一方その作業が本人に向いていないと続けられません。これは障がいのない人でも同じですが、障がいを持っているとその傾向が顕著になります。その人にとって何ができるのかを見極めて本人が可能な作業や仕事を組み立てることが大切なことになります。ホースセラピーのプログラムは、本人の得意なことを見つけることに長けており、本人に合った作業や仕事を抽出しやすく、本人の自立につなげることが容易になります。

施設が安定的な収入を得るために

北海道から沖縄まで、その地域に実情にあった様々な形でホースセラピーを行なう施設が増えてきました。自立の困難な重度の障がい者を受け入れているところや、競走馬から引退をした馬を再調教して使っているところなど様々です。200以上の組織や団体が、ホースセラピーを行っていますが、安定した収益があり、継続してプログラムを提供し運営されている組織や団体は多くはありません。

社会福祉法人いわみ福祉会（島根県浜田市）は、福祉事業を幅広く行い、その一つとしてホースセラピーの施設を運営しています。市が運営する公園だったこの施設は「指定管理者制度」による指定管理を受け福祉サービスを行いながら施設を運営しています。「放課後等デイサービス」や「就労移行支援事業所」などの制度を利用し、福祉サービスで提供できる仕組みを活用しています。実際に、ホースセラピーの実施や馬の管理だけではなく、市の不登校対策児童プログラムの受け入れ、近隣にある社会復帰支援センターとの連携をはじめ、焼肉レストランを併設し安定的な収益を得る工夫をしています。

経営面では、収益を安定させることは容易ではありません。馬場を含む施設を作るためには初期投資が必要です。さらに、安全対策、インストラクターの確保と育成、馬の確保などが最低限必要で、組織や地域に適した運営規模とすることやホースセラピー以外の複合的な経営も視野に入れる必要があります。

たとえば、ホースセラピーで使う馬については、大きい施設で10~15頭も飼養しているところもあれば、2~3頭を飼養しプログラムを行なっているところもあります。それぞれの規模に応じて適切な頭数があります。最小規模で行うためには、常時2頭いれば、一通りの基本的なプログラムを実施できます。

ホースセラピーを社会に普及できる可能なモデルの一つは、18歳までの子どもを中心とする「放課後等デイサービス」という福祉サービスの枠組みを使うことです。定員は10名程度と小規模で、2頭(予備の馬を含めると3頭)の馬を飼い、その中でホースセラピーのプログラムを提供します。この仕組みで適切な利益を得られるモデルを構築することができます。経営を安定させ適正な給料を払えるようになることで、若い人も働きやすくなり次世代が育つことになります。

収益を上げられる経営モデルを持つことによって、ホースセラピーが多くの場所で行われるようになり、必要とする人が利用しやすくなると考えています。

高齢化社会を迎えこれからのホースセラピーは、今まで以上に高齢者をはじめとする幅広い年代の人が利用するようになると思われます。それにあわせホースセラピーのスタッフとしても、若い人だけでなく、実社会で経験を多く積んでいる現役世代や引退した人たちがこの領域で活躍できるようになることが理想です。適切な対価を得られることで、多様な社会にあった様々なアイデアが出てきやすくなり、社会で生きにくさを感じる人が社会に関わりやすくなるでしょう。

基本となる挨拶から始める

「挨拶をしましょう」などの社会生活を送る上での基本的な事からホースセラピーを始めます。挨拶ができないと、社会に出たときに困るためです。

挨拶をするときには、相手の顔を見ることや相手との適切な距離をとることなども学びます。挨拶の時の距離感がわからずに近づきすぎて相手が身構えてしまうことがあります。相手との適切な距離を示しながら挨拶をすることを経験できるようにします。

馬の取り扱い方を学ぶ時には、勉強や仕事をするときと一緒で得手不得手があり、障がいを持つ人も個々に能力が違います。物事を1回で覚えられる人もいれば、10回繰り返さなくてはいけない人もいます。それぞれの能力に合わせて、できるようになるまで続けることも大切です。馬がいるとこのようなことを学ぶ方も教える方も根気よく続けられます。

また、馬と関わりを持つ経験は、やさしさと責任感を生じさせます。それを基礎にして、できることを少しずつ増やします。その結果、他の人のことを考えられるようになり、作業や仕事をお願いすると責任をもって取りくむようになります。ホースセラピーに関わる以外の時間については農作業などをしながら、その人に向く作業などの適性について判断します。

超高齢社会、高齢者にもホースセラピーを

仕事を続けられている高齢の方はあまり問題ないのですが、退職し毎日することが

なくなってしまうと、徐々に体の様々な機能が衰えていきます。特に高齢者専用施設などに入ると、急に何もできなくなることがあります。体の衰えとともに生きることへの積極性も失なわれます。その結果、寝たきりになるなど、家族に大きな負担をかける介護などが必要な状態となってしまいます。そうならないために体を動かす必要があります。ホースセラピーを行うことは、乗馬や馬の世話などを通じ身体を動かし衰えを防ぐことにもつながります。また、乗馬には見かけによらず、多大な運動量がありますす。高齢者がホースセラピーに参加することで、体力に応じた乗馬プログラムを組むことができ、寝たきりになる人を減らせる可能性もあります。さらに、ホースセラピーをきっかけに体を動かすことの良さに気が付き体力を維持するようになるだけではなく、馬の世話に興味を持っていただけた時には馬の世話をお願いすることで御本人の健康維持にもつながります。

前述の子どもたちを対象とするホースセラピーは、5~10万人の人口に対して少なくても一か所程度のニーズはあります。近くに施設があれば、高齢者もホースセラピーを受けやすくなるだけでなく、馬の管理などのお手伝いを高齢者に定期的にお願いでき、人材不足になりやすい施設にとっても助かります。高齢者にとっては体を動かす良い機会となります。これも無償のボランティアではなく少しでも手当を出せることが理想で、その人の負担にならない程度の時間、たとえば朝の2~3時間だけ働くなど、社会と関わり続ける機会にもなります。高齢者の方に障がいを持つ人を主な対象とするホースセラピーの施設で、社会に関わる機会を作ることや次世代を育てることに関わり、新たな働く場と生きがいを作ることができるのは一つの理想です。このようなスキームは、きたるべき高齢化社会に必要とされるものでしょう。地域でどのように高齢者が活躍できる場所を作っていくかは、これからの日本にとっての大きな課題で、ホースセラピーの施設は、その課題を解決する一つの答えになるものであると思います。

ホースセラピーに取り組むには、インストラクター、プログラムの利用者、プログラムに関わるボランティア、馬の世話をする人など多くの人が関わらなければなりません。それは、まさしくそれぞれの能力に応じて出来ることを行うことであり、そのような社会で役割を分担するモデルが増えることは、生涯現役で活躍することができ住みやすい社会をつくるために欠かすことができません。

高齢者による養蚕を……訪問介護事業で「訪問かいこ」

生涯現役でいられる仕組みは、ホースセラピーだけではありません。大切なことは、誰もが人生の最後まで活躍し、寝たきりになることなく生きられる社会をつくることです。人生を最後まで現役で活躍するためには、いかに「生きがい」を持っていただくかが大切なことになります。この「生きがい」には、まさに第一次産業が向いています。

現在、わたしが関わる施設では品質の良い野菜をより高価格で売り、施設の収入につなげています。買ってもらえる品質の野菜生産を行うことは、生産物を社会に届け続けられることになり、その中に人が喜ぶ野菜を作るという「生きがい」を見つけられ、社会と関わる実感を得られるようになります。

福祉と農業の相性が良いことから、農福連携の新しいモデルを模索していました。その中の一つが、2015年に山口県にある夢のみずうみ村で、代表の藤原茂氏と養蚕の専門家である東京農業大学農学部の長島孝行教授とわたしの3人の連携のもとにはじめた「訪問かいこ」です。普段は、介護や支援を受ける立場の人が「かいこ」の世話をすることで、日々の生活の「生きがい」を見つけてもらうプログラムです。

寝たきりの方に、新しいクワの葉をカイコにあげる作業は、カイコが生きていることを実感しやすく大きな「生きがい」となります。少し歩ける人は、桑畑に葉を取りに行ってもらうなど、その人の状態に合わせていろいろな作業を組み合わせます。生産されたものについては、製品化し販路まで考えて取り組みを行っています。訪問介護事業の中で行う訪問介護とカイコの語呂をかけて「訪問かいこ」と名付け商標登録もできました。２０１５年春には、山口でクワを植え、秋には利用者の方に繭まで育てていただきました。今年は、夢のみずうみ村の運営する世田谷の施設でも、クワを植え、秋から利用者の方に養蚕をしていただく準備を進めています。

農福連携について、養蚕で得られるシルクだけでなくクワの利用までを考えると、福祉領域でできる作業の多さから、様々な施設で養蚕を行うことの可能性は大きいです。取り扱うカイコは、絹糸にするのではなく、粉末化して化粧品などにすることまで視野に入れています。シルクのもつ生物学的な特性を利用することにより、日焼けを予防する効果があります。その特性をより強くもつカイコの品種を選ぶことで商品価値の高い繭を生産でき、利用者に収入をもたらします。私達は、養蚕だけではなく、クワの葉の持つ機能性にも注目し、特定品種のクワを選択することによって、機能性食品としてクワの葉を利用することも検討しています。このように組みあわせることで、カイコとクワを余すところなく利用することができるようになり、その過程にある作業を福祉で行えるようになり、多くの人の「生きがい」をつくることができると考えています。

ひきこもりやうつにもホースセラピーを

ひきこもりに対するプログラムで最初に行うことは、生活リズムを作ることです。たとえば、朝起きられない人には、朝起きるリズムを作ることが必要ですが、ホースセラピーでは難しいことではありません。

朝起きられない理由は、大きく二つ考えられます。一つ目は、朝起きる動機がないこと、二つ目は、夜眠れないために睡眠不足で起きられないことです。夜眠れないことに対する解決策は簡単です。疲れて早く横になって休みたいと思うぐらい作業をして体を動かすことで、これには農作業がちょうどいい作業量となります。また、馬に

1時間も乗ると運動量がありかなり疲れます。それに加え、馬のエサづくりなどは体力を消耗します。体が疲れると夜には自然と眠くなり、寝られるようになります。9時に就寝すれば、朝5~6時には自然に眼が覚めるものです。

朝起きるためには、朝起きられるようにする動機をつくる別の工夫もします。それぞれの人に担当の馬を決めて、エサの管理を任せます。このようにすると、最初、朝起きられないと言う人も、一週間もすれば起きるようになります。馬の管理は担当制なので、担当者が朝起きなければ馬は朝ごはんを食べることが出来ません。寝坊していくと、他の馬はエサを食べているのに、担当の馬はエサを待っています。そのような状況を何回か繰り返すと、多くの場合、担当の馬に「待たせてごめんね」と言いながら、馬の世話をするために早く起きるようになります。これを続けることで、昼間起きて夜休むという生活のリズムが身につけられるのです。

うつが増えていると耳にするようになるにつれ、うつを対象とするホースセラピーを行うことができてきました。会社勤めでうつになった人を対象にメンタルヘルスケアの一環としてホースセラピーを利用したプログラムを実施します。生活のリズムを作ることや他の人との関わり方を自覚しながら社会復帰を目指します。

社会参画のきっかけとしてのホースセラピー

何らかの原因により社会で生きにくさを感じている人に、社会に関わり居場所を見つけるためのきっかけをつくることもホースセラピーの取り組みに含まれます。社会で生きていくために必要な他人と関わり共に作業をするための経験を馬などの動物を介在させることで、人間関係の構築が苦手な人に行うことができます。

社会性を身につけるときにホースセラピーで行うプログラムの中に有効なアプローチがあります。社会と関わるきっかけをつくる場所に馬がいることで、他の人との関係のスムーズな構築が出来るようになり、社会の中に居場所を見つけやすくなります。人は、他人と関わることのできる場所や役割があるだけで元気になります。

たとえば、何回も繰りかえさなければ物事を覚えられない人にとっては、他人との関係の作り方を学ぶ際に、人が関わると大変な忍耐力が必要です。繰り返しそして少しずつ関係を作るため時間がかかるので思わず指導する人間が苛立ってしまうことがあります。この苛立ちは、相手にすぐ伝わり、良い関係を築くのに障がいとなります。一方、動物が相手だと苛立つことなく、いつまでも対応してくれます。このことが動物を人間関係の構築につかうことの良さであると考えています。

一つのことができるようになれば、それが自己肯定感、自信の獲得に繋がります。この心理的な満足感が、社会で生きにくさを感じている人たちにとってとても大きな社会と関わるための力となります。

認知症の妹が馬と出会ったことで…

ホースセラピーで使う馬は通常競走馬とは異なる品種です。しかし、わたしは引退した競走馬もホースセラピーで使える可能性があると考えています。ただ、子どもや障がい者に対しては、引退馬を使うことは気性の点から難しく、危険を伴う場合があるので安全を担保するためには避けるべきであると思います。しかし、メンタルヘルスケアでの利用など大人の人を対象とする場合には、引退した競走馬でおとなしい性格であるのならば使える可能性が十分にあります。

高齢者を対象とする馬とのふれあいも大学で行っています。定期的にプログラムに参加される高齢者の中に、幼少期の病気から知的障がいになり、歳をとってから認知症と診断されている方がいらっしゃいました。その方は、馬の所に来るとてもよく話され、施設に戻ってもいろいろなことをお話しされていました。その中で、病気を患う前の記憶があることがわかり、御兄弟がとても感激されるということがありました。高齢者に対する馬とのふれあいの中には、このような可能性もあります。

高齢者の運動機能を維持し、転倒予防につなげるということをホースセラピーで担えるようにすることは、これから取り組まれていくことであると思います。高齢者が転倒しやすくなるのは、自分の意識と実際の動きとの差がでてくることに原因がありま す。筋力が衰えることでボディイメージと実際の運動が乖離しておこるのです。筋力は使わないと衰えていくので、馬と関わるホースセラピーをすることで、身体を動かし筋力を維持することができるようになるのです。

よりよい高齢社会のために

退職をすると社会との関わりが徐々に少なくなっていく人が高齢者には多いです。若い人は徐々に社会と関わりが増えていくのですが、歳をとることは、正反対に社会との関わりが少なくなっていきます。社会との関わりが少なくなるとだんだんと生きることに対するこだわりや生命力がなくなるように感じてしまいます。

昔は農業などの第一次産業に従事している方では生きている限り現役という姿がよく見られました。最後まで現役と言うと、歳をとっても働かせることだと悪く考える方もいらっしゃいますがそうではありません。健康のために社会との関わりを維持し社会から隔離しないために、本人ができる範囲で働き続けることを意味し、そのような社会を構築することによって社会保障費を減らせる可能性があります。現役であり続けるための部分を、ホースセラピーや動物介在療法をきっかけとして農業や第一次産業がその役割を担えれば、誰もが生きやすい社会が築けると私は考えています。

高齢者も含めれば、日本には今働いていない方が多くいます。しかし、機会があれば働くことができる方も少なくありません。自分自身が日々食べるものを作り、その一部を販売することができれば、自立した生活を送れることとなり健康に生きることができます。最終的に社会保障などの負担を大きく減らしていける可能性を持ちます。もちろん、働くことだけではなく、住居のこと、子どもの教育のことなど複合的に考えなければなりません。しかし、生涯現役で誰もが社会に関わって生きることのできる社会を現実のものとするためには、分かりやすいモデルを構築すべき時期に来ていると思います。私が「訪問かいこ」などの養蚕に挑戦し、新しい農福連携のスキームに取り組むのもそのためです。

ホースセラピーや養蚕を行うことで、関わる人が心身ともに豊かになり、それを運営する施設や組織が適正な収益を上げられるようにすることが社会貢献になります。そこに関わる人が余裕を持って生活できるようにすることで、社会全体が健全に維持できるような仕組みのシステムを今作らなければならないと考えています。

あとがき

現代医療では、ある治療方法が開発された場合、その効果の判定は、科学的な裏付けのあるエビデンスとして示すことが求められる。治療方法として保険の適用とする際などには、そうした科学的裏付けが必須の前提だからだ。

ホースセラピー先進国といわれるドイツでは、理学療法・作業療法の一つとしてホースセラピーに保険が適用されている。

日本でもこの領域での保険適用を求めて活動しているホースセラピーのグループがあるが、なかなかそれが実現しないのは、そもそも医療関係者の中で、この領域に対して理解を示してくれる人が圧倒的に少ないからでもあろう。だが実は、本書の第3章で触れている通り、病院施設内で作業療法士がいてリハビリテーションの一貫として実施するのであれば、現時点でもホースセラピーは保険が適用されるのだ。でもこれはホースセラピーの中でも一部の狭い範囲での効果を認めているのにすぎない。

ホースセラピーにはそれよりももっと現代の医学では割り切れない不思議な力があるように思われる。

アレルギー性疾患や精神的ストレス等々、現代の世の中には、これまでの先進的な医療をもってしても治しきれない、あるいは癒すことが難しいタイプの疾患が数多くあふれるようになっている。ホースセラピーにはこうした癒すことが難しいタイプの疾患を癒すことができる可能性を秘めている。

超高齢社会が本格化する日本で、高齢者が長く、元気に活躍できる地域社会をつくっていくことは、政府の大きな目標でもある。

ホースセラピーの領域が、こうした方面からも注目されているゆえんである。

最後に、取材にご協力いただいた多くの関係者に、この場を借りて感謝をしたい。

2016年4月吉日　『財界』編集部

ホースセラピー
癒やしの乗馬

2016年6月17日　第1版第1刷発行

著　者　『財界』編集部
発行者　村田 博文
発行所　株式会社財界研究所
［住所］〒100-0014 東京都千代田区永田町 2-14-3
東急不動産赤坂ビル 11階
［電話］03-3581-6771
［ファックス］03-3581-6777
［URL］http://www.zaikai.jp/

取材・文責　畑山崇浩（『財界』編集部）
デザイン　安居大輔（Dデザイン）
印刷・製本　図書印刷株式会社

ISBN 978-4-87932-114-5
定価はカバーに印刷してあります。